食のプロや業界関係者のあいだで
「食品業界を知り尽くした」と言われる男

河岸宏和

「外食の裏側」を見抜くプロの全スキル、教えます。

JN237749

東洋経済新報社

衝撃の覆面食べ歩きレポート

本当なら袋とじにしたい！

「食品業界を知り尽くした男」河岸が「裏側」の見抜き方を徹底解説！

ここは都内某大手ファミレス・チェーン店。あたりを眼光鋭く見渡しながら入ってきた男二人組。あやしい者ではありません。外食店の実態調査にやって来た著者と、本書の編集者のN君です（いや十分あやしいか……）。まずは外食店の「裏側」を見抜くライブルポをお楽しみください。

［ルポ&解説］

ラウンド 1

某大手ファミレス・チェーン店
「混ぜもの」をめいっぱい入れたハンバーグ

［注文したもの］
包み焼きハンバーグ／ミックスピザ／シーザーサラダ／チキンのガーリックステーキ／デニッシュ

「汚い店にうまいものなし」

河岸 （席につくなり）この店はダメだよ。おいしくない。

―― まだ何も食べてないじゃないですか⁉

河岸 だって入り口にゴミが落ちていたし、トイレもすごく臭い。ドアを開けるなり、猛烈な臭いがした。

―― たしかにトイレは変な臭いがしますね。

河岸 普通ではあんなことにはならない。あれはおそらく以前トイレが詰まって、床のタイルのあいだに入って染みついているんだと思う。腐敗臭がしている。ああなると、どんなに掃除をしてもとれないんだ。床材を全面的に取り替えないとダメ。

——ここのスタッフは臭くないんですかね?

河岸 臭いというのは、ずっといると慣れちゃうから、それほど気にならなくなる。でも飲食店では、そんなことをいってはダメだよね。

——でもだからって、この店がまずいとは限らないでしょう。

河岸 いや、衛生管理ができていない店がおいしいわけがない。

——「汚い店にうまいものなし」ということですか?

河岸 そう、店の掃除に気を配れないような店が、食材にまで気を配れるわけがない。考えてみれば当然だよね。お客さんのことをどう思っているかという話。

> 店の掃除に気を配れない店が、
> 食材にまで気を配れるわけがない。

「リン酸塩」の味がすごいハンバーグ

河岸　あっ、来ましたよ、ここの売りのひとつ「包み焼きハンバーグ」です。

――（一口食べて）う～ん。

河岸　微妙な顔ですね。

――「混ぜもの」がすごいね、これは。「リン酸塩」の味がすごくする。増量のために「植物性タンパク」（後述）もかなり入っている。

河岸　「リン酸塩」って食品添加物ですよね。添加物に味があるんですか？

――独特の苦みのような味がある。少量なら気にならないけど、さすがにこんなに入っていたらわかる。「pH調整剤」「乳化剤」「着色料」なんかも使っている。

河岸　着色料？　なぜハンバーグに色をつける必要があるんですか？

――「植物性タンパク」をこれだけ入れたら、色が白っぽくなって、見た目がまずそうになってしまうでしょう。だから、「着色料」を入れて肉の色に近くしているの。

河岸　そんなにいっぱい入っているんですか。

——ここまで「植物性タンパク」を入れたら、もう肉の味もしないでしょう。だから、ソースの味を思いっきり濃くしてごまかしている。

河岸　たしかにソースの味はかなり濃厚ですね。

——このソースは「グルソー」（グルタミン酸ソーダ）が0・3％ほど入っているね。

河岸　配合までわかるんですか！　0・3％ってどのぐらいの量ですか？

——かつて「中華料理店症候群」というのが騒がれたことがあったでしょう。中華料理では「グルソー」が大量に使われるけれど、あれは1％ぐらい入っているの。ひとつの鍋に大さじ2杯ぐらいガサッと入れる。これはそこまではいかないけど、それに近い味だね。

ハンバーグは「リン酸塩」の味がすごい。「グルソー」（グルタミン酸ソーダ）が0・3％ほどソースに入っているね。

巧妙なメニューの書き方――「US産ビーフ」「オージー・ビーフ」は違う商品のこと

――いろいろ混ぜるのは肉自体の味がまずいからですか?

河岸　いや、肉の味をごまかすというよりも、量を増やすためにやっているんでしょう。コスト削減のため。とはいっても、これは肉自体も何の肉を使っているかわからないね。

――えっ、ハンバーグだからビーフなんじゃないんですか?

河岸　メニューを見てごらん。すぐ近くにあるサーロインステーキには「US産ビーフ」、ビーフハンバーグステーキには「オージー・ビーフ使用」と書いてあるけど、ハンバーグには何も書いてないでしょう。

――ホントだ……。メニューをよく見ないと、ごまかされますね。

河岸　ここがずるいというか巧妙なところ。たしかにハンバーグにも牛肉が一部は使われているだろうけど、そのほかにブラジル産鶏肉、アメリカ産豚肉も混ざっているかもしれない。

――僕には普通のビーフハンバーグとしか思えませんが……。それなりにおいしいですし。

河岸 ビーフ100%のハンバーグと食べ比べたらわかるよ。ソースの味でごまかされてしまうけど、本物を食べたら明らかに違う。この店は昔は「混ぜもの」なんか使っていなかったのに。

――付け合わせのブロッコリーはどうですか？

河岸 輸入ブロッコリーだろうけど、これは使い方が悪い。解凍したものをゆですぎているから、全然おいしくないね。

――わざわざ輸入品を使うこともないのに。

河岸 そう。安いから使うんだけど、国産だってジャガイモなんか安くておいしいんだから、そういうのを出せばいいのにね。

ステーキは「US産ビーフ」だけどハンバーグには記載なし。巧妙だね。鶏肉、豚肉も混ぜているかも。

シーザーサラダのレタスは2~3日前に切ったもの

――ミックスピザはどうですか?

河岸 冷凍品をチンしただけ。チーズはニセモノの「チーズフード」(後述)。かなり小麦粉で増量している。チーズの味も風味もないよね。

――ニセモノチーズですか……。

河岸 シーザーサラダは、クルトンがサクサクでなきゃいけないのに、へなっとしている。いつ焼いたものかわからない。なおかつレタスが論外。これは2~3日前に切ったものだよ。

――なぜ2~3日前に切ったレタスだと

サラダはレタスに注目する

時間が経ったカット野菜　　店内で切りたて

わかるんですか？

河岸　レタスの端が茶色く変色しているでしょう。1日ではここまで茶色くならない。2日以上は経っていると思う。

――あらかじめ大量につくって皿に盛っておいたものを出してきたんですかね？

河岸　そうかもしれない。ただ、チーズは注文が出てから、かけたと思う。チーズは生きていたから。

――野菜は、この店の厨房でカットしているんですか？

河岸　やってないね。真四角に切ってあったから、セントラルキッチンで四角く切って運んできたカット野菜でしょう。本当は、レタスは手でちぎらなくてはいけない。金気を嫌うから。包丁で切ると、変色しちゃう。でも、ここのレタスは真四角でしょう。

――この店、ボロボロですね、決して安い値段の店ではないのに……。

> シーザーサラダはレタスが論外。
> これは2～3日前に切ったものだよ。

「メイプルソース」は明らかなごまかし
――「メイプルシロップ」とはどこにも書いていない

――最後に、デザートのデニッシュはいかがですか？

河岸 これね、「メイプルソース」ってメニューに書いてあるでしょう。これは明らかなごまかし。だって「メイプルシロップ」とはどこにも書いていない。

――言われてみれば、「メイプルシロップ」とは一言も書いていませんね。

河岸 メイプルシロップというのは、100％かえでの樹液のものでなければならないの。この「メイプルソース」というのは、メイプルシロップに安いガムシロップを混ぜて増量したもの。それをやると香りが飛んでしまうから、「香料」や「着色料」を入れてごまかしている。実際、メイプルシロップの香りもうまみもないでしょう。それをあたかも「メイプルシロップ」に見せかけて「メイプルソース」と謳っているのは、ごまかしとしか思えない。

――メイプルシロップってスーパーでも結構高いですもんね。

河岸 メニューを見るだけでも、この店の「ごまかし体質」がよくわかるよ。さっきのハンバーグもそうだし、「北海道産帆立《ほたて》」とか「スペイン産生ハム」とか、自慢したいときだけ産地を明記してある。

―― ほんとだ。たしかに産地が書いてあるものと、そうでないものがありますね。チキンステーキや豚肉のしょうが焼きには、産地が書いていないでしょう。

河岸 理由は簡単。チキンはたぶんブラジル産、豚肉はたぶん台湾産かアメリカ産。「北海道産帆立」や「スペイン産生ハム」はイメージがいいから書くけど、「ブラジル産チキン」や「台湾産豚肉」はイメージが悪いので書かない。

―― ホントですね……。

河岸 このチェーン店は、昔はもっときちんとしていたのに。どこかで経営方針が「お客さん」から「儲け」にシフトしたんだろうね。残念。

> この店の「ごまかし体質」は、メニューを見るだけでよくわかるよ。

〔食べ終わった感想〕いまの外食店の実態をよく表している店

この店のハンバーグはひどいものでした。

「リン酸塩」を入れて思いっきりカサ増しをしてあります。「リン酸塩」は水を抱えるから、いくらでも増量できるのです。ひき肉に「リン酸塩」と水を入れて練れば、「リン酸塩」が水を抱え込んで膨らむわけです。

「リン酸塩」の独特の味がするし、食感がプリプリしているから、すぐわかります。それに練りすぎていて、もう肉の食感がしない。こんなに練ってはハンバーグではありません。ソーセージかチクワかという話です。肉のうまみがまったくしない。

「植物性タンパク」の混ぜ具合もすごいの一言でした。

これに「調味料（アミノ酸等）」や「肉エキス」で味をつけ、「着色料」で茶色に色をつけたら誰もが肉だと思ってしまう。下手をすれば、肉の割合は20％以下でしょう。これはもう「牛肉ハンバーグ」ではない、「植タン（植物性タンパク）ハンバーグ」とでもいうべきシロモノです。

この店で頼んだもので唯一マシだったのはチキンのガーリックステーキでした。

これは生の鶏のもも肉をガーリックソースと一緒に焼いたもので、店の厨房でつくっていました。何も変なことをしていないから、普通においしい。

そうやって普通のことをやっていれば十分おいしいのに、なぜカサを増したり、数日前からつくり置きをしたり、おかしなことばかりするのでしょうか。

そこにあるのは「儲かればいい」という姿勢でしかありません。

おいしいものをお客さんに食べてもらおう、喜んでもらおうという姿勢がまったく感じられない店でした。

ただし問題は、こんなひどいことをしているのが、この店だけではないということです。いまの外食店、とくに全国チェーンでは、このような変なことをする店が多くあります。

この店は、いまの外食産業の姿を表しているひとつの典型例だといえるのです。

（「衝撃の覆面食べ歩きレポート」は、このあと第４章に続きます）

はじめに

「家庭ではつくれないプロのおいしさ」を求めて外食をしていますか？
「安いから」「便利だから」が外食の動機になっていませんか？

私が子どものころ、外食はちょっとしたイベントでした。特別な日に家族そろって特別なご馳走を食べに行く、それが外食でした。

幼い私が何より楽しみにしていたのはデパートの大食堂。いまはすっかり見かけなくなりましたが、昔はどこのデパートも最上階に大食堂がありました。

そこでは当時はまだ目新しかったオムライスやハヤシライス、ナポリタンといった洋食やクリームソーダ、プリンアラモードなどのデザートがずらりと並び、メニューを眺めるだけで心が躍ったものです。ワンプレートにいろいろなものが彩りよく盛り付けられたお子様ランチもとても魅力的でした。

寿司屋も大好きでした。もちろん回転寿司などはない時代。札幌でしたから、職人さんが極上ネタで握る、それはおいしい寿司を夢中で頬張ったものです。


かつて外食は、家でつくれない特別なご馳走、本当においしいもの、あるいは家でマネしてつくりたいもの、そういうものを食べに行く場所でした。そこには間違いなく「非日常」のトキメキがありました。

ところが、いまの外食にその力があるでしょうか。

全品100円の回転寿司、1000円で焼肉や寿司、デザートが食べ放題のチェーン店、500円以下でパスタやドリアが食べられるイタリアン・チェーン店、100円メニューが売り物のハンバーガーショップ……。

たしかに安い。そして便利です。しかしそこに家庭ではできない特別なおいしさはあるでしょうか？　喜びはあるでしょうか？

日本人は外食が大好きです。休日ともなれば家族でファミレス、回転寿司へ出かけるのが定番化しています。

一昔前と違い、日本の外食産業は大きく変容しました。

ファミレス、回転寿司、激安焼き肉チェーンなどが一般化してからというもの、「記念日や特別な日に行くもの、たまのぜいたくに行くもの」だった外食が「普通の日にいつでも誰でも行けるもの」に変わっていきました。

それと同時に、外食から「家庭ではつくれないおいしさ」が失われていきました。

昔は職人や調理師が修業で磨いた技、その店ならではの味を提供してくれる場所だったのが、いまではチェーン化、セントラルキッチン化されることにより、全国均一のソツのない味、魅力のない味になってしまいました。

▼「業界最大のタブー」を見抜くプロのスキルを公開する
——外食は最大のブラックボックス

外食では、自分がどんなものを食べているのか、誰も「本当のところ」はわかりません。どんな材料で、誰がどこでどのようにつくっているのか、その「裏側」はなかなか見えないのです。

表面の華やかさだけにごまかされて楽しく食べていても、いま口にしている「ひじきの煮物」は遠い東南アジアの国で和食など食べたことのない人たちがつくったものかもしれないし、子どもが笑顔で頬張る「ハンバーグ」には肉以外の「混ぜもの」がたくさん入っているかもしれない。

外食というのは、その裏で何が起こっているかわからない、最大のブラックボックスなのです。それは同時に、「食品業界最大のタブー」でもあります。

2013年に一流ホテルでメニューの表示偽装が次々と発覚しましたが、一流ホテルでも「裏側」ではこんなウソをついていたのかと消費者を唖然とさせたものです。

私は本書で、「外食の裏側」をできるだけ詳細に明かしていこうと思っています。そして、日本の外食産業の抱える大きな問題についても指摘していくつもりです。なかには、みなさんが「えっ！」「言われてみれば！」と驚く衝撃的な内容も含まれていると思います。外食店に対して大きな不信感をもつ人もいるかもしれません。

もちろんそこで終わるのではなく、「外食店を見極めるプロのスキル」についても最大限に公開していくつもりです。

ただし「プロのスキル」といっても、「一口食べて食品添加物の種類と量を言い当てる」とか「食材の産地や銘柄を見抜く」といったプロにしかできない高等テクニック(?)を披露するものではありません。読んだ一般の人が誰でも実践できる「コツ」を伝授しています。でも、その「ちょっとしたコツ」が劇的にみなさんの外食店選びを変えると思います。

ちょっとしたコツというのは、たとえばこのようなものです。

「焼き鳥は『ねぎま』のある店で食べる」

「餃子は店で包んでいるところを選ぶ」

「回転寿司のよしあしは『イカ』を見る」

といった具合です。「?・?・?」と思われた方、理由は本文で詳しく説明しています。

こうしたプロがやっているスキルさえ会得すれば「この店、ハズレだったね……」「こんな店にはもう二度と来たくない!」といった失敗がなくなり、本当に「いい店」「満足できる店」を見定めることができるようになるはずです。また店で注文するメニューも変わってくるでしょう。

「おいしい店、人気のある店」といった外食のガイドブックや雑誌の企画はたくさんありますが、本書のように店の仕入れのシステムから素材、調理の方法まで見渡したうえでの、「裏側」の見抜き方、店の見定め方をガイドした本はないと思います。

その意味では、少し自慢がすぎるかもしれませんが、本書は「最強の外食ガイドブック・バイブル」だと思っています。

▼「食品業界を知り尽くした男」と呼ばれて

私は現在、某大手流通チェーンにおいて、食品の製造・衛生管理（いわゆる品質管理）の仕事を行っています。

私の経歴は前作『スーパーの裏側』（東洋経済新報社）に詳しく書きましたが、ハム・ソーセージの大手食品メーカーから始まり、大手卵メーカー、コンビニの惣菜工場、大手スーパー、コンビニでも働いてきました。職種も、商品開発から営業、製造現場、流通、販売までさまざま経験してきました。

一般的に、食品工場に就職した方は食品工場で定年を迎えます。私は、畜産大学で学び、食肉加工工場、惣菜工場、デザート工場、豆腐工場と、ほとんどスーパーの売り場一軒分の製造工場で働き、小売りの現場でも働いてきました。もちろん一個人としては消費者の立場でもあるので、「農場から食卓まで」の管理をひとりで実践してきたことになります。

大手ハムメーカー、卵メーカーで働いていたことで「肉のプロ」「卵のプロ」と呼ばれることも少なくありません。いまでも肉片を見れば、部位や国籍がわかりますし、肉の加工品（ハムやソーセージ）を食べれば、味付けや配合だけでなく、使われている食品添加物もおおよそわかります。また生卵を見れば、エサの種類がわかりますし、卵焼きを食べれば、どこのメーカーのものかの見当もつきます。

数々の食品工場で働いたことで、いま売られている大半の加工食品の製造方法や仕組みも熟知しているつもりです。また「つくる現場」だけでなく「売る現場」にも精通していることで、「スーパーのプロ」「コンビニのプロ」と呼ばれることもあります。

食品がどのように生まれて、それがどのように加工され、どんな流通過程を経て、店先、そして家庭に届けられるのか、それを「現場の人間」として、すべてこの目で見てきたわけです。ここまで多種多様の「食の現場」を経験した人間は非常に珍しく、自分でいうのも恐縮ですが、食のプロや業界関係者のあいだでは「食品業界を知り尽くした男」などと評されることもあります。

近年では全国の飲食店、スーパー、ショッピングセンター、工場などから呼ばれ、衛生・品質指導、セミナーの講師などを行うことも増えています。

私の強みは、厨房や売り場の「現場」だけでなく、その食品がどこでどうつくられ、運ばれてきたのかという「舞台裏」に通じていることだと思います。

だから個人的に外食をしても、その店の「裏側」まで見えてしまって楽しめないことも多い。それほど、いまの外食ではおかしなことが多すぎます。

私は食べることが大好きです。本書では外食産業のショッキングな「裏側」を明らかにし、かつ厳しい注文もつけていますが、それもすべて外食産業への熱い思い、「おいしいものを食べたい」という心からの気持ちから出ていることです。

本書を読まれるのは消費者の方々だけでなく、外食産業の関係者もいらっしゃると思います。関係者各位におかれては、私の訴えたいことが少しでもみなさんの心に通じ、外食産業がよりよい方向に向かうことを願ってやみません。

なお本書で指摘する全国チェーン展開のファミレス、居酒屋の問題・傾向は必ずしも個人の店にすべて当てはまるものではありませんので、あらかじめご了承ください。

「外食の裏側」を見抜くプロの全スキル、教えます。――[目次]

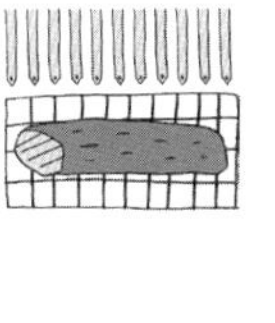

第3章 包丁いらずでバイトでできる！何でもありの「仕入れ品」はこうして見抜け！ 125

切り干し大根

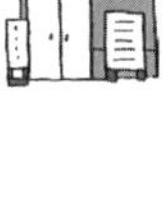
coffee shop

BEER HALL

お尻が痛くなる!

BISTRO☆

第1章

日本の外食がダメになった理由

↓

「安さ」と「安全」を優先するあまり「おいしさ」を失った

いまの外食産業が優先しているもの――安くて安全なら、「味」は二の次

私の考えですが、食べ物には次の3つの要素が必要だと思います。

①おいしいこと
②安全であること
③機能があること

機能というのは、栄養や嗜好を満たすなど、食べる人が得られるメリット全般のことです。

家族の食事をつくるとなれば、誰もがこの3つをどれも同じように大事に考えてつくるはずだと思います。

ところが、いまの外食で最も優先されているのは何でしょうか。

それは「安さ」と「安全」です。安くて安全なら、「味」は二の次でいい。

たとえば、マクドナルドでは食中毒はまず出ません。それは衛生管理がほぼ完璧に

なされているからです。生野菜は「消毒剤」（次亜塩素酸ソーダ）の入った水で過剰なほど洗ってから使われます。だから世界中どこに行っても「安全」なのです。

「安さ」が売りの居酒屋の全国チェーン店で出されるメニューは、ほとんどが中国や東南アジアでつくられて真空パックや冷凍で運ばれてきたものです。長期間輸送するので、その間に菌が繁殖しないように過剰ともいえるほど加熱がなされます。

こういう食べ物には、「おいしさ」も「栄養」も残っていません。

「安さ」と「安全」を優先するあまり、「おいしさ」「機能」が抜け落ちてしまっているのです。

味が落ちた分を「後付け」で補うのが、調味料と添加物です。

とくに多用されるのが油と砂糖。油と砂糖をたっぷり入れれば、なんとか味をごまかせる。食べる側もそれに慣れてしまっているのです。

その結果、外食は力を失い、

「家でつくれない、おいしいものを食べに行く場所」ではなくなってしまいました。

いまの外食は「安さ」「安全」優先。
「おいしさ」「機能」が抜け落ちている。

「今日はつくるのが面倒だから、外に食べに行こう」
「みんな食べたいものがバラバラだから、食べ放題かフードコートにしよう」
「家でつくるのとたいして値段も変わらないしラクだし、外食で済ませよう」
外食がこの程度の存在になってしまっているように思えてなりません。

全国チェーン店が広がった背景にあるのは「個人店の二極化」

いまの日本の外食を支えているのは、全国チェーン店の存在です。家族や友人、あるいは会社の同僚と食べに行くときも、「安くて（そこそこ）おいしい」チェーン店を選ぶ人は多いものです。

都市部でも地方に行っても、最近では全国どこでも同じチェーン店を見かけます。なぜ、ここまでチェーン店が日本全国に広がったのでしょうか。

その裏側にあるのは「個人店の二極化」だと私は考えています。つまり、「個人店は当たり外れが大きい」のです。

個人店の中には、チェーン店にはマネできないような、地元の食材を使って丁寧に一品一品、手づくりしているお店がたくさんあります。そういうお店は、ガイドブックに載っていなくても、口コミやリピーター、地元の人でたいてい賑わっています。その一方で、個人店の中には、流行っていないお店もたくさんあります。立地や店構え、料理の味などさまざまな要因がありますが、そういうお店はせっかく食材を仕入れて下ごしらえしても、お客さんが来ないのでロスが出てしまいます。するど、どうするか。

①「仕入れ」の手を抜く――毎日市場に通って、いい食材を仕入れなくなります
②「仕込み」の手を抜く――ロスが出て廃棄するだけなのでやめてしまいます
③「調理」の手を抜く――手間暇かけて一品一品、手づくりしなくなります

この3つの手を抜く一方で、お客さんの数を増やそうと「メニューの品数を増やす」ようになります。

個人店は当たり外れが大きい。流行らない店は「仕入れ」「仕込み」「調理」の手を抜くから、味が落ちる。

焼肉店には魚を食べるお客さんは来ません。魚がメインの居酒屋には野菜や肉を食べたいお客さんは来ません。だから、いろいろなニーズに応えるべく「肉も魚も野菜も」と何でも揃えようとするわけです。

つまり、リピーターになってもらうのはあきらめ、一見客を取り込む作戦です。しかしメニューの数を増やせば増やすほど、手づくりする数は減り、必然的に「仕入れ品」を多用することになります。それで、ますます味が落ちていくのです。

こういう店は、近所の人なら一度行って「失敗した」と二度と行きませんが、一見客にはわかりません。駅前や人通りの多い場所にあれば、それでも一見客はある程度入るものです。

しかしお客さんもバカではありません。

そんな経験を重ねるうちに、「こんなことなら、当たり外れの少ない、安心してそこそこのものが食べられるチェーン店に行こう」となる。チェーン店はものすごくおいしいわけではないけれど、大きなハズレもありませんから。

こうして、全国どこに行っても「誰でも知っているチェーン店」が軒を連ねるようになったのです。

流行っている店、流行らない店の差はどこにある？
――おいしさは「つくりたて」にある

ただし、いまも述べたように、個人店の中には本当においしい店、流行っている店もたくさんあります。

「物が売れない時代」といわれますが、本当においしい店はどこも混んでいますし、行列ができている店もあります。高級フレンチでさえ、予約が数カ月先までいっぱいというお店はたくさんあります。

みなさんの地元にも、おいしくて評判の、いつも混んでいるお店、賑わっているお店が少なからずあるのではないでしょうか。

そういう店はなぜおいしいのかといえば、きちんとした食材を使って、いちから手づくりしているからです。おいしい店はきちんとつくっているからおいしいのです。

じつは、まったく同じ食材でも、手をかけるかどうかで出来上がりの味はまるで違ってきます。とくに高級食材でなくても、きちんと真面目につくればおいしいものができるのです。

たとえば餃子なら「包みたて」が一番おいしいのです。皮に包んで時間が経つと水分が皮に移って水っぽくなり、肝心の具は味が抜けてパサパサしてきます。

だから、つくり置きはダメなのですが、それを平気でやる店があるわけです。

包んですぐに冷凍したものはつくり置きよりもはるかにマシですが、やはり包みたてにはかないません。

「餃子の王将」はそれを知っているから、店で一つひとつ包んで出しているのです。だから全国どこの店舗もたいてい流行っています。

サンドイッチも同じで、パンをスライスして具を挟んだ「つくりたて」が一番おいしいのです。

パンも店の厨房でスライスするのと、スライスされたものを仕入れるのでは、味がまるで違います。スライスして時間が経ったものは、水分が飛んでパサパサします。

だから本当にこだわる店は、注文を受けてからパンをスライスするのです。

なぜ味が落ちるとわかっているのに、つくりたてを出さないのか？

——「儲け」を一番に考えているから

私は、はじめての土地で昼食を食べるときは、トンカツをよく食べます。トンカツは「ハズレ」の確率が低いのがその理由ですが、まれに驚くほどおいしくないトンカツに当たってしまうこともあります。

肉はスライスして時間が経つと、味がてきめんに落ちます。スライスするとドリップ（肉汁）が出ますが、それと一緒にうまみも流れ出てしまうのです。

スーパーで売られているパックされたスライス肉の中には、トレイ（容器）に赤い肉汁が流れ出ているものがありますよね。

あの肉汁の中に、うまみが凝縮しているのです。「もったいない」の一言です。

トンカツは、店で肉を切ってパン粉をつけて揚げるのが一番おいしい。昔のトンカツ屋はみんなそうしていました。

ところが最近は、あらかじめスライスされた肉を仕入れて、厨房でパン粉だけつけて揚げる店が増えています。それどころか、パン粉までついた状態で冷凍したものを仕入れ、それを揚げて出しているだけの店もあります。

そういうトンカツは見た目こそ同じですが、食べてみると味が全然違います。

お客さんにはつくり方まではわかりませんが、「なんだかおいしくないね」となって、その店から足が遠のきます。

逆に、店で肉を切ってパン粉をつけて揚げているきちんとしたお店は、どこもたいてい混んでいます。全国チェーン店でも「和幸」や「さぼてん」がどこも流行っているのは、それが理由です。

言われてみれば!

なぜラーメン店には混んでいる店が多いのだろう?

「流行っているのには理由《わけ》がある」というので最もわかりやすい例は、最近の「ラーメンブーム」だと私は思います。

「外食の中でも、ラーメン店は不思議と混んでいる店が多いな……」

と不思議に思ったことはないでしょうか？

行列のできるラーメン店が、どの街にもたいていひとつはあります。下手をすれば2時間待ちなどという店もあります。

なぜこれほど「ラーメンブーム」が起きているのか。

もちろん日本人の嗜好の変化や店の入りやすさ、手軽に食べられるといった複数の理由があると思いますが、私は一番の理由は「ラーメン店の中には、真面目にきちんとつくっている店が多く、おいしいから」だと思います。

ラーメン店の中には、骨や野菜を煮込んできちんとスープをとっている店がたくさんあります。だからおいしいのです。仕入れのスープを使ったのでは、いつも行列ができるような店にはなりません。

ラーメンは麺、スープ、チャーシュー、メンマなどでできています。

行列のできる店では、オープンキッチンで豚肉からチャーシューを仕込むところなど素材そのものから手づくりしている光景を見かけることも多いものです。

麺は注文を受けてからゆでる、スープは熱々を注ぐ、もちろんどんぶりは温めておくなどといった「おもてなし」の基本を守ったうえで、チャーシューも盛り付け前に切り、軽くあぶり、胡椒をふるなどといった寿司職人に負けない素材の仕込み、盛り付けを行っている。そうしたこだわりがお客さんにも伝わるから、流行っている店が多いのだと思います。

野菜も同じです。カット野菜を仕入れて出すのと、原体（元の形のまま）を仕入れて店で切って出すのでは、味はまったく違います。

カット野菜は「消毒液」（次亜塩素酸ソーダ）でジャブジャブ洗われていて、味も栄養も全部流れ出てしまっています。そこには「お客さんにおいしいものを提供しよう」という外食店の誇りなどどこにもありません。

お客さんのことを一番に考えるならどうすればいいのか。手抜きをせずにきちんとつくればいいのは明らかなのに、それをしないのはお客さんではなく「儲け」を一番に考えているからです。

しかし、その姿勢こそが最終的にはお客さんの足を遠のかせ、最も求めていたはずの「儲け」が得られない結果となる。

簡単なことなのに、どうしてわからない店が多いのか不思議です。

なぜ安いのか❶——本物をニセモノに置き換え・すり替える

多くの外食産業は味よりも「安さ（＝儲け）」を優先していると述べました。では、どのように「安く」上げているのでしょうか。

ひとつは「ニセモノ食品」の利用です。

今回、第4章の「衝撃の覆面食べ歩きレポート」のためにいろいろな店を食べ歩きましたが、ファミレスや全国チェーンの居酒屋のひどさには唖然としました。

本書の冒頭に掲載した某ファミレスのハンバーグは、肉に「植物性タンパク」を混ぜ込んで、カサを増やせるだけ増やしていました。

濃い味付けのソースにごまかされてしまいがちですが、食を専門にしている私の舌には「混ぜもの」の配合までわかります。そのファミレスのハンバーグは、じつに半分以上が肉以外の「混ぜもの」でした。

「安さ」を優先するために、「本物」を「ニセモノ」に置き換え・すり替えをしているのです。

なぜ安いのか❷——人件費カットのため、職人をクビにしてアルバイトを雇う

「安さ」のために、外食産業でもうひとつ行われているのは人件費のカットです。外食産業で最もコストがかかるのが人件費。おおまかにいって半分ほどです。一般的な外食産業の原材料にかかる経費は、メニューの値段の25～30％が一般的です。1000円のメニューなら、およそ材料費は250～300円ほどです。

これに人件費や家賃、光熱費、チェーン店なら本部費が乗ってきます。お店の「見た目」よりもおいしく感じる地方の個人店が存在するのは、土地建物が自前かつ家族経営なので家賃と人件費が安く、材料費率が高いケースが多いものです。

人件費で最も比重が大きいのは、職人さんの給料です。

たとえば職人さんの給料が月給30万円だとします。それをリストラしてアルバイトを雇えば10万円で済むわけです。差額の20万円は丸々儲けに回ります。

では、職人をリストラしてバイトに変えるとどうなるか。

たとえばトンカツ店で、入ったばかりのバイトに肉をスライスさせて、パン粉をつけて揚げるという作業をさせたらどうなるでしょう。器用な人なら見よう見まねでな

んとか仕上げるかもしれませんが、経験豊富な職人の技にはまるで及びません。

先ほど、同じ食材でも手をかけるかどうかで出来上がりの味はまったく異なると述べましたが、同じ食材でも切り方ひとつで味はまるで変わります。

同じ肉でも切り方で味は大きく異なります。切れ味のいい包丁で細胞を押しつぶさないように切らないといけない。下手に切ると、おいしさまで切ってしまいます。付け合わせのキャベツだって、繊維に沿って切るかどうかで仕上がりが違います。味噌汁に入れるネギも、包丁の入れ方ひとつでおいしさが違ってきます。

それが職人の技というものです。

揚げ方にも、もちろん職人の技があります。揚げ油の温度、揚げる時間など職人の技とカンが必要ですが、バイトにそれを望むことなどできません。

外食の原材料費は約25～30%。職人をクビにしてバイトを雇うと、人件費の差額は、丸々儲けに。

職人ではなくアルバイトでもできる「仕入れ品」

では、職人がいなくなり、アルバイトだけになった店では何が行われるのか。

そこで登場するのが「仕入れ品」です。第3章で詳しく述べますが、職人がいなくなったいまの外食産業では「仕入れ品」が大量に使われています。

キャベツもネギも、工場でカットされた状態でパックに詰められて店に運ばれてきます。きんぴらごぼう、ポテトサラダ、ひじき煮といった惣菜もチルド（冷蔵）、真空パックで入ってきます。

こういうものを仕入れれば、あとはパックから出して盛り付ける、電子レンジで解凍する、あるいはコンロで焼くといった簡単な仕上げ作業で、すぐお客さんに提供できます。料理などまったくやったことのない男子高校生だって、今日からすぐにできてしまいます。

刺身をパックから取り出し、カット野菜の上に並べて、ソースをきれいにかければカルパッチョの出来上がり。刺身、野菜の素材の味が抜けてしまっていても、油を含んだソースをかけることで、おいしく感じて、料理として成立してしまうのです。

寿司だってネタが1枚1枚カットされてきれいにパックされて海外から入ってくる。それを「寿司ロボット」が握ったシャリの上にのせれば完成です。職人要らずです。

職人が育たないシステム

そういう店に行ったとしても、最初の1回はまあいいのです。「味はイマイチだったけど安かったね」「この値段ならこんなものか」となる。

ところがその店に2回目、3回目と行きたいでしょうか。修業を積んだ職人がいないお店は、おなかを満腹にすることはできても「感動」はありません。

職人のいる店はクオリティが高く、同じ味をキープしているだけでなく、工夫があります。職人のスキルが上がるとともに少しずつ味がレベルアップしていく。バイトにはそれが望めないのです。

またそのバイト自身も、その店で学ぶものが何もありません。

たとえば寿司屋にバイトに入って、そこで魚のさばき方やネタの切り方を学べば、それはその人の技術となります。そうしたらその人はその技術で、スーパーの鮮魚売り場でも仕出し屋でも働くことができます。

「失業率が深刻だ」「ワーキングプアは問題だ」といわれますが、こうやって人を育てるシステムがあれば、その人たちは自立していけるはずです。

職人のクビが切られ、バイトの力にもならず、お客さんも喜ばない。本物の味を知らない人が増える。

このシステムで誰ひとりとしてハッピーになる人はいません。

高級ホテルで起こった偽装

2013年に高級ホテルで食品の表示偽装が発覚し、社会問題となりました。

メニューに「芝エビ」と表示されていたエビが実際はバナメイエビだったり、有機野菜が普通栽培の野菜だったり。はてはステーキ肉が脂肪を注入した「人工霜降り牛肉」だったりと、世間を呆れさせる事実が次々と明るみに出ました。

ただし、これらの食品偽装は、何もいまに始まったことではありません。

少し思い出すだけでも、偽装肉の「ミートホープ事件」に始まり、「雪印」の牛肉偽装、大手ステーキチェーン店の「フォルクス」が成型肉を「ステーキ肉」として提供していた事件、「不二家」の期限切れの原材料を使用した事件など、いくつもあげられます。お土産で全国的に有名な「赤福」や「白い恋人」が消費・賞味期限を改ざんしていた事件もありました［図表★1］。

こうした偽装自体は過去にもあったにもかかわらず、今回私たち国民が驚いたのは、それが「一流ホテル」で起こったことだったからです。

これまでさまざまな偽装事件が発覚してきましたが、「一流ホテルだけはおかしなことをしていないだろう」「値段も高いし本当においしいものが食べられるだろう」と誰もが思っていたのです。それが裏切られたから怒っているのです。

一流ホテルにも職人がいなくなったのか、職人がプライドを捨てたのかはわかりませんが、偽装する理由はただひとつ。「儲け」のためです。

一流ホテルでさえ儲けに走ってお客さんを欺《あざむ》く実態がこれで明らかになりました。

一流ホテルは家で食べられない珍しいもの、本当においしいものを食べに行く場所でした。あるいは一流の職人の調理の仕方を学びに行く人も大勢いました。ところが、この事件でそれが崩れてしまった。本当に残念なことです。

[図表★1]「食の安全」事件簿

年	事件の概要	事件から学ぶこと
1984	グリコ森永事件	改ざんされない包装形態が必要
1996	O-157集団食中毒が発生	食材の安全性の確認が必要
2002	雪印で牛肉偽装事件	食材のトレースが必要
2005	フォルクスでステーキに成型肉を使用	成型肉はきちんと「成型肉」と表示が必要
2007	不二家で賞味期限切れの原材料を使用	賞味期限切れの原材料は使用禁止
	ミートホープで偽装食肉を使用	食材の監査が必要
2008	船場吉兆で食べ残しを使用	食材の使い回しは禁止
	鳴門ワカメに外国産が混入	産地表示した場合の確認が必要
	三河一色産のウナギ偽装	産地表示した食材の監査が必要
	事故米を食用に転用	米の産地までのトレースが必要
	中国産の冷凍ピザからメラミン検出	中国産原料の受け入れ検査が必要
	ヒルトン東京でメニューにあるオーガニック野菜と異なる野菜を使用	メニューやポスターと同じ食材を使用することが必要
2010	ホテルグランヴィア京都でメニューと異なる鶏肉を使用	メニューやポスターと同じ食材を使用することが必要
(2011)	(原発事故発生)	(食材の放射能汚染の確認が必要)
2011	焼肉酒家えびすで集団食中毒(O-111)発生	潜在的危害のある食品は取り扱いに注意が必要
2013	東京ディズニーランドや高級ホテルでメニューと異なる食材を使用	メニュー名と食材の確認が必要

「大量仕入れで安くなる」のウソ

安さを売りにしたチェーン店は一様に「うちは大量仕入れ・大量販売でコストを低く抑えているから安い」と胸を張ります。

しかしそれはウソだと私は思います。

こと食品に限っては、大量仕入れでは安くならないのです。

たとえばレタスを大量に仕入れても安くはなりません。

野菜の市場で「大量に仕入れるから値段を安くしてほしい」と突然交渉しても、それはムリな話。

農家と直接契約し、流通過程を見直し、年間にわたって安定しておいしい野菜を供給できる体制をとらなければ、安価で安定した野菜を仕入れることはできません。

だから「食材を大量仕入れするから安く」などということは、素材に関してはありえないのです。

これがほかの商品、たとえば電化製品や家具であれば大量仕入れで安くなるのはわかります。これらは開発費や特許料が初期費用としてかかるので、それがペイすれば、あとは大量生産することで安くなります。

しかし食品はそうではないのです。

ではどこでコストをカットしているかというと、やはり人件費なのです。

もしくは家賃と設備費。最近は「居抜き」といって、撤退した店舗が営業していたままの状態を受け継いで出店するケースも増えています。「サイゼリヤ」や「ステーキハンバーグ&サラダバーけん」はこの形態で成長したチェーンです。

エサの量を考えれば、牛肉は鶏肉より高くて当たり前。ネギトロとかっぱ巻きがなぜ同じ100円なのか？――「適正価格」という考え方

「値ごろ感」という言葉があります。ここでは「その値段に見合った価値」といった意味でとらえてください。

なぜ牛肉は、豚肉や鶏肉よりも高い値段で売られているの？

たとえば、「なぜ牛肉は、豚肉や鶏肉よりも高く売られているのだろう？」と不思議に思ったことはないでしょうか。

ものによって値段に差はありますが、おおむね国産牛肉はスーパーで買うとしたら、100グラム500円、豚肉は100グラム200円、鶏肉は100グラム100円ほどです。

「牛のほうが数が少なくて貴重だからでは？」

などと思われるかもしれませんが、一番の理由は「出荷できる大きさになるまでに食べるエサの量の違い」です。

エサは鶏を4としたら、豚は7、牛は11ほどの量のエサが必要になります。「鶏4：豚7：牛11」の割合です。

食べるエサの量（すなわちコスト）が異なるので、売値が違って当たり前なのです。にもかかわらず、牛肉を鶏肉と同じ「100円」で売ろうとするから、おかしなことになるのです。

寿司も同じです。本来100円では到底食べられないネタを無理やり100円にするから、そこには大きな無理が生じるのです。

少し考えれば、そもそも「ネギトロ」や「鉄火巻き」が「かっぱ巻き」と同じ値段なんておかしいと思いませんか？

無理にすべて100円にしようとするから、名前もわからない深海魚などを代用魚として、ハマチやタイのフリをして出す、あるいはマグロのたたきに植物性油を混ぜ込んで「ネギトロ」のフリをして出すことになるのです。

ものにはすべて「適正価格」があります。

100円の価値のものを100円で売ることには何の問題もありません。本来なら1000円のものを100円で食べようとするから、ごまかしがはびこるのです。

「外食の復活」はあるか

私は「日本の外食はダメになった」と業界を批判するだけで終わるつもりは毛頭ありません。

オリンピック招致のプレゼンではありませんが、日本には「おもてなし」の心があります。少し前まではお客様を迎えるとなれば、「おいしいものを食べてもらおう」「喜んでもらおう」といろいろ準備をして手の込んだものをつくったものです。

その「おもてなし」の心はまだ失われていないはずです。お客さんをもてなす気持ちでつくれば、おかしなものなどとても出せるはずがありません。

私は外食産業の復活こそが日本を救うと信じています。

日本はいま失業率が深刻で、ワーキングプアなどの問題も抱えています。またTPPによって、外国から安価な食料が入ってくることの国内の食品産業や農業に与える打撃は計り知れないものがあります。景気だって、まだまだ回復したとは言い切れません。

しかし外食産業が活況になれば、これらの問題は必ずやいい方向に向かうはずです。TPPだって日本でとれるおいしい野菜を提供するレストランがもっと増えれば、外国産の野菜に負けるはずがないのです。鮮度が命の野菜は、国内でとれたものが間違いなく一番おいしいのですから。

折しも和食がユネスコの無形文化遺産に登録されました。日本が誇る和食を世界に伝えるためにも、外食の復活・復権は欠かすことのできない要素だと思います。

そのためにも、外食の「裏側」を明らかにし、正すべきところは正し、見直すべきところは見直す。この作業なくして外食産業の明日はないと私は確信しています。また若い人たちの雇用が増え、稼いだお金で「高くてもおいしいものを食べたい」と思わせることが、外食産業の発展につながっていくと考えます。

それまでのあいだは、外食の「裏側」を知り、見抜くスキルを身につけることで、自己防衛をするしかありません。いい店、おいしい店にできるだけ行き、そうでない店には行かない。私たちの日々の選択が、外食産業を変える大きな「一票」になると私は信じています。

次章以降、そのための「作業」をみなさんと一緒に始めていきたいと思います。

第2章

外食の強烈にショッキングな裏側

↓

増量し放題⁉
ほとんど輸入食材⁉
ご飯は2年前の米⁉

ショック 1

成型肉が使われ放題

妻

子持ちサラリーマンN君（34歳）は新居購入に向け、目下節約に励んでいます。

会社での昼食はもっぱら牛丼チェーンかファストフードで済ませていますが、最近はそれも飽き気味です。

「今日はさすがに趣向を変えたい。何か安くてうまいもの、ないかな……」

「ランチ難民」と化して街をうろつくN君の目に飛び込んできたのは某ステーキ店。

「そういえば、ステーキなんかしばらく食べてないな……」

ウインドウを見ると、「ランチステーキ定食680円！」との張り紙が。

「これだ！」

ぱっと顔が輝いたN君、いさんでステーキ屋に入って行きました。

ランチステーキ定食の内容は、150グラムのサーロインステーキ、付け合わせのフライドポテト、ブロッコリー、わかめの味噌汁、きゅうりの浅漬け。ランチとしてはボリュームも満点です。

食べてみると、肉は予想外にやわらかく、しかも立派な霜降り。

「よし、これからはこの店の常連になろう！」

大満足で店をあとにしたのでした。

端肉や内臓肉が「霜降りサーロインステーキ」になる仕組み

スーパーでサーロインステーキ肉を買うと、通常、輸入品でも100グラム600円、国産品で100グラム800円ぐらいはします。

それが、なぜ150グラムのステーキを680円で提供できるのか。

これも、「言われてみれば」どこか解せない値段設定です。

結論からいってしまえば、その秘密は「ステーキ肉」にあります。

じつは、N君がステーキだと思って食べた肉は「成型肉」なのです。

成型肉というのは、骨のまわりから削り取った端肉や内臓肉を結着してつくったものです。どんな形にもつくることができ、N君が食べたものはステーキの「形」にした成型肉です。

成型肉は法律違反でも何でもありません。スーパーでも「サイコロステーキ」として売られていますが、その場合はきちんと「成型肉」と表示があります。

しかし外食店では、この店のように黙って成型肉を使うところが少なくないのです。表示義務があるのに、表示をしていない。本当なら、法律違反で罰則があるのですが、表示すると売れないからそれをやらないのです。

成型肉の表示問題は、2005年にステーキのチェーン店「フォルクス」が成型肉を「ステーキ肉」として提供していたことで、公正取引委員会から排除命令を受けたことがありました。

関係者は「成型肉はクズ肉をステーキに見せかけるためではなく、肉をおいしく食べるための工夫」などと言い張っていましたが、それなら隠す必要もないわけです。「技術の力で手間暇かけて、さらにおいしくしたのだ」というならば、その技術を誇っていいはず。堂々とお客さんにそのように謳って販売すればいいのです。

公正取引委員会の命令を受けたあと、フォルクスでは表示をしたうえで、成型肉の販売を続けています。ほかにも、「成型肉」と表示している店は増えています。

しかしながら、N君が食べた店のように、無表示のまま成型肉を使ったステーキを提供する店は、いまでもたくさんあります。

2013年に一流ホテルで偽装問題が発覚したあとのこと。とあるステーキチェーンのメニューに、「インジェクション肉を使用しています」という「シール」が貼られているのを見かけました。

シールが貼られているということは、いうまでもなく「後付け」したということです。この店は、ホテルの事件がなければ表示をしないつもりだったのでしょう。

成型肉は食品添加物のかたまり!?

では、きちんと表示をすれば、成型肉は別に問題ないのでしょうか。

そうではありません。そこには大きな問題が2つ潜んでいます。

ひとつは加工の問題です。

成型肉に使われるのは端肉や内臓肉と述べましたが、これらは形状がミンチ（ひき肉）状だったり、ドロドロだったり、要するに肉としての形を成していません。

それを強引にくっつけて固めるために、「結着剤（リン酸塩）」を使います。「リン酸塩」

[図表★2] サイコロステーキ（成型肉）の正体

名称	牛サイコロステーキ（成型肉）
原材料名	牛肉（豪州産）、牛すじ加工品｛牛すじ（豪州産）｝、粉末状大豆タンパク、乳清タンパク濃縮物、でんぷん分解物、食塩、黒こしょう、卵白、トレハロース、調味料（アミノ酸等）、カラメル色素、酵素、（原材料の一部に乳成分、ゼラチンを含む）

※メーカーによって若干の違いはあります。

増量＋肉をやわらかくするために「○○タンパク」が使われる。

は保水性を高めるので、肉がジューシーになり、カサを増すこともできます。

また成型肉は、端肉や内臓肉をかき集めてつくるので、味も何もあったものではありません。食感も悪いので、これを「食べられる状態」にするために、やはり加工が必要になります。

具体的には、「植物性タンパク」「乳タンパク」「卵タンパク」などのタンパク質を注入して肉をやわらかくするのです。N君が食べた肉が妙にやわらかかったのはこのためです。

さらに味をよくするために「ビーフエキス」や「調味料（アミノ酸等）」などを使います。また「植物性タンパク」で増量すると色が白っぽくなるので、肉の色らしく茶色くするために「カラメル色素」などの着色料で色をつけます［図表★2］。

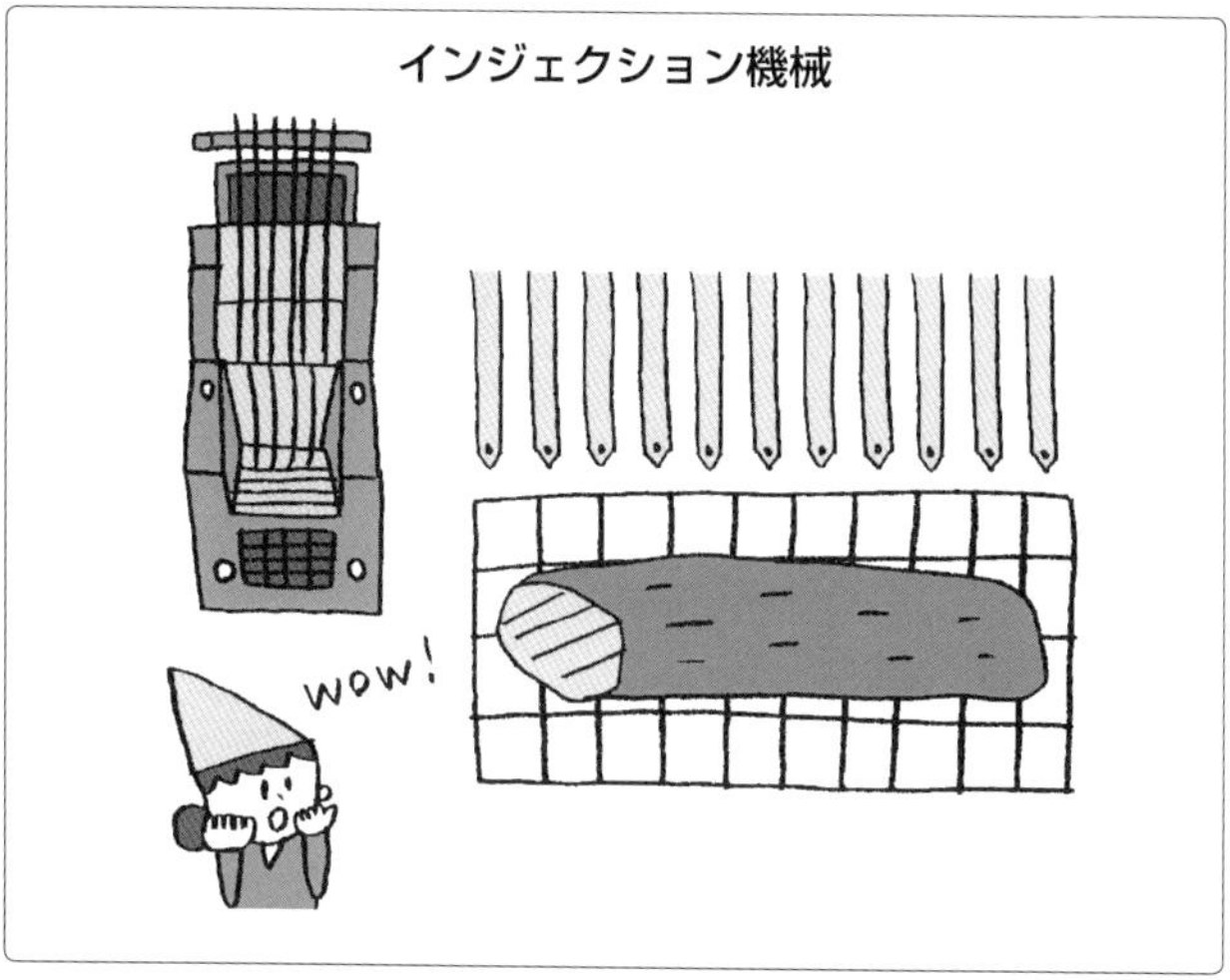

外食店では、使用している食品添加物を表示する必要はありません。

フォルクスの事件以来、成型肉（結着肉）であることを表示する店も増えましたが、使われている添加物まで表示している店はほぼ皆無です。少なくとも私は見たことがありません。

それから、成型肉に限ったことではありませんが、肉に牛脂を打って人工的に「霜降り」にすることもできます。スーパーなどで「牛脂注入肉」「牛脂注入加工肉」と表示されて売られているものです。

これは「インジェクション」といい、注射器のようなもので行います。

イラストのように、生け花で使う剣山のような注射針が100本ほど肉のかたまりにいっせいに注入される様は、ちょっと壮観といったところです。

成型肉で食中毒が起こる!?

成型肉のもうひとつの問題は、衛生管理の問題です。じつは成型肉は食中毒について、見逃すことのできない問題をはらんでいるのです。

言われてみれば!

なぜ牛肉だけレアで食べてもいいの?

ここでも、ひとつ素朴な疑問として、焼肉でもステーキでも、「なぜ牛肉だけ、レアやミディアムの状態で食べることができるのか?」「なぜ豚肉や鶏肉は、レアに近い状態で食べてはいけないのか?」と不思議に思ったことはないでしょうか?

言われてみれば、豚肉や鶏肉は「しっかり中までよく焼きなさい」と子どものころからよく注意されたと思います。

その理由は、菌や寄生虫の「汚染箇所」にあります。

牛肉は「出血性大腸菌群」、豚肉は寄生虫、鶏肉は「サルモネラ菌」というように、すべての肉は菌や寄生虫に汚染されている危険性があります。これは牛肉、豚肉、鶏肉すべてに共通していえることです。

しかし牛肉の場合は、「出血性大腸菌群」がつくのは表面だけなのです。肉の中にまで入り込むことはありません。普通は表面を焼けば、「出血性大腸菌群」は死滅します。だから、牛肉はレアやミディアムで食べられるのです。

一方、豚肉や鶏肉は、表面だけでなく内部まで寄生虫や「サルモネラ菌」に汚染されている危険性があります。だから、しっかり中まで焼いてから食べないといけないのです。


ただし牛肉でも、成型肉は事情が少し異なります。

成型肉を加工する段階で、牛肉の表面についている大腸菌などが、インジェクターの針で肉の内部に入ってしまうのです。

そうなると肉の表面だけ焼いても、内部に入った大腸菌は死滅しません。

中までしっかり火を通せばまだしも、レアやミディアムなどの状態で食べたら危険です。食中毒のリスクがあります。

案の定、数年前、成型肉を使っているステーキの大手チェーン店「ステーキのどん」や「ペッパーランチ」で大規模な食中毒事件が起こりました。

正直なところ、私はこの事件が起こるずっと前から「いつ食中毒が起きても不思議ではない」と思っていました。

この食中毒の問題は、何も成型肉に限ったことではありません。肉をミンチ（ひき肉）状にした場合、すべてに発生しうるリスクです。

ハンバーグ、餃子、ミートローフなど、ミンチ肉を使う料理はじつにたくさんあります。

家庭でもミンチ肉を料理するときは、牛肉であっても、よく火を通すように心がけたほうがいいでしょう。とくに小さな子どものいる家庭では、よく注意していただきたいと思います。

私が恐ろしいと思うのが、外食店のハンバーグステーキの「レア」「ミディアム」です。お客さんが焼き加減を選べるというのが売りなのでしょうが、牛肉100％でも非常にリスクが大きいと感じます。

食肉加工会社に勤め、「肉のプロ」とも呼ばれ、長年食品の衛生管理にも携わってきた私にいわせれば、「中まで火の通っていないハンバーグ」など論外です。私なら絶対に食べません。

しかし、驚くべきことに、生焼けハンバーグを出すチェーン店に出くわしたこともあります。イラストのように店内ポスターで堂々と宣伝していて、開いた口がふさがりませんでした。

ハンバーグは家庭で食べるにしても外で食べるにしても、必ず中までしっかり火を通したものを食べることを、強くおすすめします。

生焼けハンバーグを出すチェーン店もある

ー牛肉100%、炭火焼きハンバーグはー
『中身が赤い程度＝肉汁たっぷり！』が
おいしく召し上がれます。
備長炭の店
生焼けで赤い！

「ロース」と書くと違法なので明記しない。客が勝手に「ロース」と勘違いするように仕向ける

——安いカツ丼やカレーの上にのっているカツも「成型トンカツ」!?

成型肉は激安ステーキ店ばかりでなく、ファミレスや持ち帰り弁当店のトンカツ、安い焼肉店の焼肉（カルビなど）、激安食べ放題のチェーン、立ち食いそばの安いカツ丼や激安カレー店のカツカレーなどにも使われます。

丼やカレーの上にのっているのは「ロースカツ」と思って食べている人が大勢いますが、あれはロースでも何でもない、成型肉です。

[図表★3] 成型トンカツの正体

名称	冷凍トンカツ
原材料名	豚肉、衣（パン粉、でんぷん、コーンフラワー、植物油脂）、でんぷん、小麦タンパク、大豆タンパク、デキストリン、食塩、卵白粉末、砂糖、香辛料、植物油脂、酢酸Na（乳由来）、増粘多糖類、グリシン、着色料（カロチノイド、ウコン）、カンゾウ油性抽出物

※メーカーによって若干の違いはあります。

→ この成型トンカツを「ロース」と勘違いして、みんな食べている。

カツの場合は、モモや肩、バラなどの端肉・クズ肉を使います。脂肪が入ると見た目でバレるので、赤身だけを使います。

これを「植物性タンパク」「乳タンパク」「卵タンパク」などを使って固め、「ケーシング」という入れ物に詰めて冷凍させます。もちろんこの過程で「増粘多糖類」「着色料」などの添加物もしっかり入れます【図表★3】。

そうすると、見事にロースの形になります。それを1枚1枚カットすることによって、あたかも見事なロース肉のような形ができるのです。

しかし、メニューには「ロース」とは一言も書いていません。そう書いてしまうと、「景品表示法」違反の疑いがあるからです。

客が勝手に「ロースだ」と思ってくれればいい、勘違いして食べてくれればいいというのが店側の狙いです。

成型肉はこうして見分ける！

成型肉の話をすると、多くの人は「そんなもの食べたくない！」「少なくとも子どもにはとても食べさせられない」といいます。

成型肉かどうかきちんと表示していない店がある以上、こちらで見分けなければなりません。といっても、成型肉かどうかを見分けるのは別に難しくないので、ここでその見抜き方をお知らせしましょう。

成型肉はこうして見抜け！

成型肉かどうかは、中を観察すれば誰でもわかる

ステーキの場合は、ナイフなどで適当にカットして、中を観察してみてください。よく見れば「結着した部分」は誰にでもわかります。

肉には繊維がありますが、成型肉は明らかに繊維と繊維が不自然なくっつき方をしています。簡単にいうと「タテヨコ、タテヨコ」みたいなくっつき方をしているのです。

そのうえ結着部分は、箸などで簡単に切れます。切れるというより、結着している面と面がポロッとはがれる感じです。

カツの場合も、衣をはがしてから同じようにチェックしてみてください。誰でも簡単に見分けられると思います。

成型肉とステーキはここが違う!

成型肉はおそらく、みなさんが思っているより多く出回っています。食べ放題や激安店は注意したほうがいいでしょう。もちろん激安店の肉がすべて成型肉というわけではありませんが、使っている率が高いのは否定できないことです。

安くておいしい肉が好きなだけ食べられる外食店。

お父さんも子どもも大喜びしているその「裏側」で、気がつかないうちに成型肉をたっぷり食べてしまっているかもしれないのです。

ショック 2

肉がどこまでも増える「植物性タンパク」の衝撃

N君、今日は有給休暇をとって家族でおでかけ。新居購入に向けて新築マンションやモデルルームをいくつか見学するのが目的です。

ところが、これはと思う物件はどれも予算オーバー。奥さんもしぶい顔です。

「やっぱりもっと節約しなければ……」

昼時、親子4人で入った店は、値段の安さで知られるファミレスのチェーン店です。子どもたちはお子様ランチ、奥さんはトマトソースのスパゲッティ、N君はハンバーグ定食と、それぞれ好みのものを頼んでみんな大満足です。

しかし食べ終わってふと見ると、子どもたちはお子様ランチのミートボールを残しています。

「なんだ、残したらもったいないじゃないか」

そのミートボールを何気なく自分の口に放り込んだN君。

「ん〜〜?」

子どもが残すのも道理、へにゃへにゃとした食感で肉に味もなく、妙においしくないのです。

そういえば自分の食べたハンバーグも食感に違和感があったものの、ソースの味が濃いせいもあり、それなりにおいしく食べてしまいました。

「4人分でドリンクもついて3000円もしないから、こんなものか」

一抹の不安を覚えたものの、支払時には値段の安さにすっかり気をよくしたN君は次のモデルルームに向かうのでした。

肉が半分以下のミートボール、まったく肉の入っていない餃子

ここでN君のもった「違和感」、それこそが本書でこれまで「混ぜもの」と述べてきたものの正体です。

「混ぜもの」すなわち「植物性タンパク」を大量に肉に打ち込み、増やせるだけ増やしたもの、それがN君の食べたハンバーグであり、子どもたちが食べ残したミートボールの正体です【図表★4】。

「植物性タンパク」というのは、大豆や小麦などを原料としてタンパク質を抽出したものです。「植物性タンパク」自体は食品であり、食品添加物ではありません。ハム・ソーセージをはじめ、数多くの食品の加工に用いられ、形状は粉末状、粒状、繊維状などさまざまです。

「植物性タンパク」は肉よりも安いので、入れれば入れるほど歩留まり（生産・加工の際の原材料に対する出来上がり製品の割合）が上がり、利益も上がります。肉の重量に対して50％ほど入れることもあります。

「50％も『混ぜもの』を入れたら、それは肉ではない」と思われるかもしれませんが、50％は業界では当たり前のことです。

おそらくN君一家の食べたハンバーグ、ミートボールもそのぐらい混ぜられていたのでしょう。子どもは舌が敏感なので、「これはおいしくない」というのが本能的にわかったのだと思います。

「植物性タンパク」を大量に入れると、コストは下がるものの、味が薄まってしまいます。だから、成型肉と同じで「肉エキス」や「調味料（アミノ酸等）」などさまざまな添加物で味を補強するのです。あるいはソースを濃い味にするなど工夫する。だ

[図表★4] ハンバーグの正体

名称	そうざい（ハンバーグ）
原材料名	鶏肉、粒状植物性タンパク、たまねぎ、つなぎ（パン粉、でんぷん）、牛脂、しょうゆ、タンパク加水分解物、砂糖、食塩、調味エキス（酵母エキス、ブドウ糖）、香辛料、調味料（アミノ酸等）、pH調整剤、リン酸塩（Na）、着色料（ココア）、（その他乳、豚肉由来原材料を含む）

※メーカーによって若干の違いはあります。

ラベルは「使用量が多い順」に記載。

2番目に「植物性タンパク」がある点に注目。

植物性タンパク

植物性タンパクにもいろいろな種類があります。

ラベルに記載される表記も「繊維状植物性タンパク」「粉末状植物性タンパク」「粒状植物性タンパク」などさまざまです。

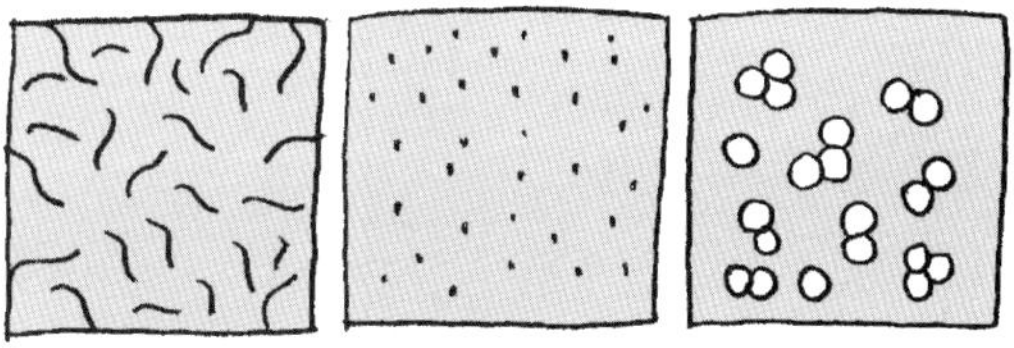

繊維状
つくね、肉団子
などに使用

粉状
ハムやトンカツ
などに使用

粒状
挽肉
などに使用

「植物性タンパク」の代わりに「大豆タンパク」

「小麦タンパク」と表記されることも。

から味はそれなりにおいしいし、やわらかい。知らずに食べればおいしいのです。

「植物性タンパク」がよく使われるのは、冷凍食品やお惣菜、市販の餃子などです。

安いラーメン屋さんの餃子は、肉がまったく使われていないものもあります。

しかし「餃子には肉を入れなくてはいけない」という法律などどこにもない。

「肉入り餃子だ」とお客さんが勝手に思い込んで食べてくれればいいのです。

ほとんどの食品が「植物性タンパク」入りの某食べ放題チェーン

先日、食べ放題チェーンで有名なSで食事をしましたが、本当に驚きました。

成型肉はもちろん使い放題。肉団子、ハム・ソーセージなど肉製品のほとんどが「植物性タンパク」を使っているものでした。

いや、それだけなら驚きません。「植物性タンパク」を使ったハムやソーセージなど、いままでどれだけ見てきたことかわかりません。食肉加工会社に勤めているときは、自分でも実際に「植物性タンパク」を使って製造していたのですから。

しかしこの店のものは、ほとんどが「植物性タンパク」ではないかというほど配合率が高かったのです。申し訳ありませんが、私には食べられませんでした。というより、この店で食べられるものが何もありませんでした。

いま述べたように普通は肉の重量に対して50%ぐらいのところを、この店のものは100%ぐらいは混ぜていたと思います。つまり肉と同じ量だけ混ぜ、肉の量を2倍に見せかけているということです。

ここまで混ぜ込んだものは、もはや「肉団子」とは呼べない。「大豆タンパク団子」「豆腐団子」と呼ぶべきでしょう。

見たらもう食べられない!?「水ぶくれ唐揚げ」の製造過程

唐揚げも「植物性タンパク」でカサ増しされていることがあります。

まず生の肉に「植物性タンパク」「リン酸塩」その他の調味料を注射してカサ増しします。「植物性タンパク」は、肉が8割だとしたら2割ほど入ります。

その状態では、ドロドロでとても食べ物とは思えないようなシロモノです。はじめて見た人はショックを受け、食欲を失うでしょう。このドロドロのものを、形を整えながら油の中に入れて揚げると「水ぶくれ唐揚げ」の出来上がりです。

水増しした商品は外食産業にとどまらず、家庭の中にも入り込んでいます。冷凍食品の唐揚げは、カサ増しされているものがほとんどです。

冷凍食品の裏ラベル（原材料表示）を見て、鶏肉以外に「植物性タンパク」「大豆タンパク」などと書かれていれば、それはカサ増し商品です。価格が安いという理由で購入していると、本来の鶏の唐揚げとは程遠いものを食べていることになります。

みなさんが今日のランチに食べた唐揚げは、「水ぶくれ唐揚げ」ではなかったでしょうか……？

ショック3

JAS法等の法律適用外をいいことにカサ増し食品、ニセモノ食品が大横行

N 君、今日は同僚とともに日帰り出張です。
会社の営業車ですが、晴天下の高速を走り、ちょっとしたドライブ気分。

お昼は高速を降りた街道沿いで見つけた定食屋です。駐車場が広い郊外店で、はじめての客でも入りやすそうな雰囲気でした。

N君はエビフライ定食、同僚はトンカツ定食を注文。

ほどなく出てきたエビフライ定食に早速かぶりついたN君にとんだ不幸が襲います。なんとエビが衣からズポッと抜けて「幽体離脱」してしまったのです。

「あ、あれ、なんだこりゃ?」

驚いたのはそのエビの細さ、小ささ。寿司ネタの「甘エビ」レベルです。

N君を笑う同僚でしたが、彼の食べている「トンカツ」も、じつは厚着も厚着、本来の肉の2倍の大きさに仕立て上げられた「上げ底」商品だったのです。

肉の2倍の大きさのトンカツができる秘密

業務用ではトンカツやエビフライの衣をめいっぱいつけて、小さい材料を大きく見せかけたものもあります。次ページのイラストを見ると笑ってしまうかもしれませんが、じつによくあることです。

どうやってつくるかというと、まず1回衣をつけます。その衣も普通に家庭でつくられるのと違い、小麦粉と卵を水に溶いて、そこに「植物性タンパク」も使われます。衣をつけたものをいったん冷凍します。そして凍った状態でまた衣を1回通すと、かなり大きくなります。2回づけは普通で、3回づけする店もあります。

これをやると、肉はほんの少しでも大きなトンカツができます。下手をすれば、肉

業務用エビフライのつくり方

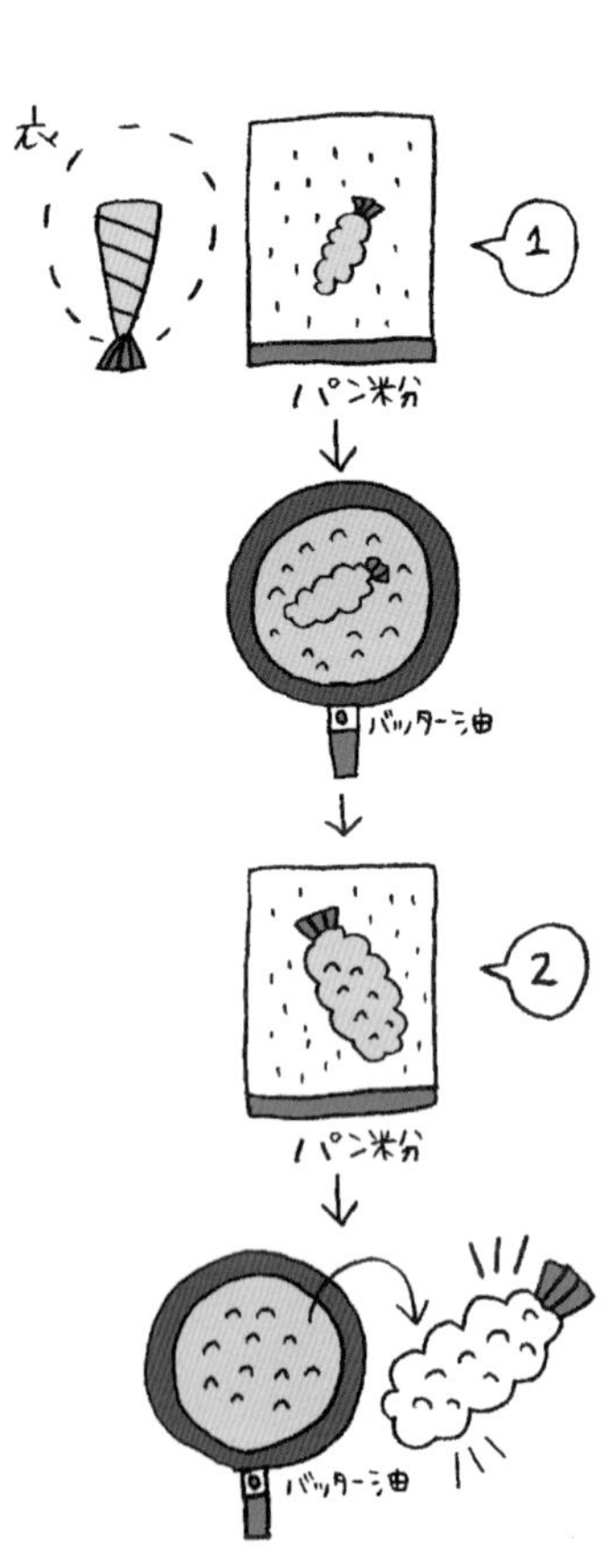

を2倍の大きさに見せかけることもできます。

エビフライ、エビの天ぷらも衣を2度づけ、3度づけしてつくります。こちらも下手をすれば、エビ本来の大きさの倍ぐらい膨れ上がらせています。

チーズもニセモノがいっぱい
——ナチュラルチーズ、プロセスチーズ、チーズフード

カサ増し食品の陰の立役者「植物性タンパク」についてはこれまで何度も書いてきたので、もうひとつ外食産業にはびこる「ニセモノ食品」についても記しておきます。

「ニセモノ食品」というのは、コストを下げるために、本物にさまざまな「混ぜもの」を入れて本物のように売っているケースです。「代替食品」と呼ばれることもあります。

その一番わかりやすい例がチーズです。

たとえば、チェーン店でも人気メニューのひとつであるドリア。

安くて大勢の人が注文していますが、そこでよく使われるのは「チーズフード」というニセモノチーズです。「チーズフード」はプロセスチーズ、ナチュラルチーズを

溶かして、小麦粉に加えて「乳化剤」「香料」などを混ぜて固めたものです。

製品中のチーズ分の重量が51％以上あれば「チーズフード」と表現することができます。チーズフードは、プロセスチーズよりもチーズの含有量が少ない分、価格が安くなり、惣菜パン、チーズ加工品などに多く使われます。

みなさんチーズだと思って食べていますが、水っぽくて薄く、チーズ本来のうまみも風味もどこにも残っていません。

言われてみれば！

なぜ本場イタリアのピザやスパゲッティはおいしいのか？

「チーズフード」のようなニセモノチーズを使っているのは世界でも日本だけです。イタリアを旅行した人はみんな「ピザがおいしかった」「パスタがおいしかった」と口を揃えていいますが、あれはチーズの力によるところが大きいのです。本物のチーズは本当においしいものです。

日本人だけがニセモノチーズを喜んで食べているのです。

そもそも日本のチーズはプロセスチーズが一般的です。プロセスチーズは複数のナチュラルチーズを混ぜ、加熱して発酵を止めて、「乳化剤」「安定剤」などを使用して食感を安定させたものです［図表★5］。

プロセスチーズはナチュラルチーズよりもくせがなく、保存もきき、状態が安定し

［図表★5］チーズのラベルを見比べてみよう

名称	ナチュラルチーズ
原材料名	生乳、食塩

※メーカーによって若干の違いはあります。

名称	プロセスチーズ
原材料名	ナチュラルチーズ、乳化剤

※メーカーによって若干の違いはあります。

名称	チーズフード
原材料名	ナチュラルチーズ、プロセスチーズ、植物油脂、乳化剤、安定剤（加工でんぷん、ローカスト）、酸味料、グリシン、酢酸（Na）、グリセリンエステル、ミョウバン

※メーカーによって若干の違いはあります。

→ **ナチュラルチーズが本物のチーズ。日本人だけがニセモノチーズを喜んで食べている。**

ているので、便利なのです。

プロセスチーズはもともと、ナチュラルチーズになじみのなかった日本人の口に合うということで広まりましたが、いつしかチーズといえばプロセスチーズを指すようになりました。大人気のスライスチーズだってプロセスチーズです。

日本人全員がだまされている片栗粉

ニセモノを食べつづけた結果、あたかもそれが本物だとみんな勘違いしているような食品もあります。

知っている人も多いのですが、片栗粉はニセモノ食品、代替食品だったものが全国的に当たり前になってしまったケースです。

白い袋に入って「片栗粉」と書いて売っていますが、裏の表示を見ると、「馬鈴薯デンプン」と書いてあります。これはジャガイモのデンプンなのです。

本来は、カタクリという植物からつくったものを片栗粉といいました。カタクリは高く稀少なため、馬鈴薯デンプンを片栗粉といって売っているのです。これを日本人は全員がだまされて買っているのです。

機会があれば、みなさんに一度、カタクリからつくった本物の片栗粉を食べていただきたいと思います。馬鈴薯デンプンとは全然違うおいしさにビックリすると思います。見た目も透明で上品なものです。

馬鈴薯デンプンがいけないというわけではありません。「片栗粉もどき」か「馬鈴薯デンプン」といって売れば済むことです。

つまり、「がんもどき」にならえばいいだけなのです。

日本におけるニセモノ食品（代替食品）の先駆けは、がんもどきかもしれません。がんもどきは雁という鳥の肉が高級品で食べられないから、豆腐を揚げて、雁の肉に味を似せてつくったものです。

がんもどきはがんもどきで十分おいしいし、潔く「もどき」と名乗っている。それならば何の問題もないのです。

それがいかにも「本物風」に見せかけて売られているから、知らずに食べて「こんなものか」と思ってしまうのです。

ニセモノ食品がどんどん日本人の舌をマヒさせていく、そんな気がしてなりません。

外食店でニセモノ食品が横行する2つの理由
——外食はＪＡＳ法等の法律適用外＋コンサルタントの暗躍

なぜ日本の外食、とくにチェーン店がニセモノ食品、代替食品の「宝庫」となっているのか。

理由のひとつは、外食店にはＪＡＳ法等の法律が適用されないからです。

食品をスーパーなどで販売するときは、原材料（使用した添加物も含む）、賞味期限、消費期限を表示しなければいけませんが、外食店でその場でつくって提供するときはその法律が適用されないのです。

外食店の法律というのは、簡単にいってしまえば、「食中毒を出さなければいい」というものでしかないのです。

ファミレス、居酒屋などのメニューに「○○産」「原材料豚肉」などと記されているのは、あくまでもその店が自主的に掲載しているものにすぎません。

私は、外食店にも情報公開の義務があると思います。

たとえば、トンカツや焼肉なら肉の産地の情報提示が必要だと思います。

その場合、「国産」という表示ではなく「県名」まで出すべきでしょう。生野菜サラダも同様に県名まで必要。そうやって情報が公開されてはじめて、安心して食べることができるのです。

ニセモノ食品がはびこるもうひとつの理由は、第1章で述べたことと重複しますが、チェーン店では効率化、合理化のシステムが徹底しているからです。

この効率化、合理化の波はチェーン店ばかりでなく、個人店にも押し寄せています。

その影には「コンサルタント」の存在があります。

「外食コンサルタント」あるいは「フードコンサルタント」「経営コンサルタント」など、よくわからない肩書きの人たちが、町の小さな飲食店に乗り込んで「合理化」を進めています。あるいは食材屋、添加物の営業マンもしきりに「合理化」をささやいてきます。

「生の鶏肉を仕入れて揚げて出すのでは、余ったときがもったいない。最初から冷凍品を仕入れておけば、必要に応じて冷

外食産業にも情報公開の義務を。「国産」に加え、「県名」も出すべき。

凍庫から出して揚げて出せる。

このほうが利益が出ますよ」

こういった具合です。

そしてこの効率化、合理化を図るようになってから、外食店は確実におかしくなってきていると思います。


「もっと利益が出て儲かりますよ」「もっとラクできますよ」とささやく外食コンサルタントの存在も大きい。

戦後の貧しさを引きずった悲しきニセモノ食品

ハンバーグしかり、チーズしかり。こんなニセモノ食品がはびこっているのは世界中を見渡しても日本だけです。

なぜ日本だけが、ニセモノ食品をつくっているのでしょうか。

じつはニセモノ食品は、戦後の貧しい時代の名残なのです。

食料のない時代、日本人は食べ物の切り落としでもクズでも大事に食べるために、一生懸命知恵をしぼりました。

そうやって生まれた食品のひとつが「プレスハム」「チョップドハム」です。プレスハムというのは端肉、クズ肉を寄せ集めて、つなぎに「植物性タンパク」やデンプンなどを入れ、ギュッと圧力をかけて成型したものです。

肉が高級品だった時代、少ない肉に大豆の搾りかすやデンプンといった「安いもの」を探して混ぜて、一生懸命膨らませて食べようとした、いじましくも切ない日本人の知恵だったのです。

しかし食べられない時代の知恵だったはずのものが、いまは外食産業が儲けるため、値段を下げるための悪知恵に「転用」されているのです。

「世界のトヨタ」を擁する日本が、なぜ「植物性タンパク」でカサ増ししたいじましいハンバーグを食べなければいけないのか、衣で太らせて2倍の大きさに見せかけたトンカツを食べなければならないのか、小麦粉で薄めたニセモノチーズを食べなければいけないのか。つくづく情けなくなります。

食品業界だけ、「戦後」が終わっていないのです。

ニセモノ食品は貧しい時代の名残。食品業界だけ「戦後」が続いている。

ショック 4

輸入食材が使われ放題

お気に入りのステーキ店の肉は「成型肉ステーキ」、家族で行ったレストランは「植タンハンバーグ」、主張先で食べた定食屋のエビフライもトンカツもとんだ「カサ増し」商品と知ってショックを受けたN君。

「加工品ってなんか怖いな……。そうだ、変な加工をしていないシンプルなものを選べばいいじゃないか」

そう考えたN君は、立ち食いそば屋に飛び込み、山菜そばを注文しました。

「そばは日本の伝統食だから変なものは使われていないだろうし、体にもいい。何より国産品を食べるのは食料自給率アップにも貢献しているぞ！」

自信満々のN君ですが、「へい、お待ち！」と目の前に置かれた山菜そばには、じつは国産のものなどほとんど入っていません。食品添加物もしっかり使われています。

そば粉が1～2割しか入っていない「そば」は、もはや「茶色いうどん」

そもそも、N君が食べたそばには、そば粉が1~2割程度しか入っていません。

残りの8~9割は、そばなのに、なんと小麦粉が入っているのです。

じつはそばも、いま述べた「ニセモノ食品」の代表例です。

そばは本来、そば粉100％で打つものでした。

ところが、「そば粉に小麦粉を混ぜて打つ」ということを誰かが思いつき、それが当たり前のこととして定着してしまいました。輸入の小麦粉のほうが、そば粉よりも断然安いからです。

じつはそばを乾麺の状態で売るときは、「最低そば粉を3割は入れなくてはいけない」と法律で定められています。逆にいうと、重量比で全体の3割そば粉が入っていれば、それは「そば」と名乗っていいのです。

この時点で十分おかしいのに、立ち食いそばなどでは、そば粉が1割、2割の「そば」を平然と出しているのです。どこかおかしくはないでしょうか。

こんなことがまかり通るのは、前述したように、外食店はＪＡＳ法等の法律には引つかからないからです。そばを乾麺として店で売るときは3割以上そば粉を入れなければいけないという法律は、外食店には適用されないのです。

立ち食いそばは、小麦粉が8～9割。もはや、「茶色いうどん」「そばもどき」と呼ぶべきシロモノ。だから安い。

8～9割が小麦粉だったら、それはもう「そば」ではなく「うどん」です。色だって、こんなに小麦粉を入れたらそばの色ではなくなるので、殻に近い部分をひいたそば粉を使うのです。殻に近くなると色が黒っぽくなるので、ちょうどいい。こうなると、もはや「茶色いうどん」です。

さらに、ここに「リン酸塩」を入れれば、歯ごたえがつるつるします。また、「リン酸塩」を入れると、水を抱えることができるので歩留まりが上がります。水を入れれば入れるほど膨らむ。「リン酸塩」はここでも大活躍なのです。ただ、あまり入れてしまうと、今度は逆に歯ごたえがなくなってしまうので、ギリギリまで入れます。もちろん、そこにはそば本来の風味、香りなどありません。

そば粉10割、あるいは8割のそばを出していたのでは、とても立ち食いそばの値段ではやっていけないというのも事実です。安い小麦粉を混ぜるからこそ安い値段で出せるのだというなら、それはそれでいいのです。

それならば、そば粉が2割のものを「そば」といって売らなければいい。「そば風」「そばもどき」として売ればいいのです。そば粉が1割しか入っていないものを「そば」だと言い張るのは、もはや詐欺行為だと私は思います。

そば粉さえも8割は外国産

もうひとつ、立ち食いそばの大半は輸入食材でできているという事実もあります。

N君の頼んだ山菜そばには山菜の塩漬け、わらび、わかめがのっていますが、山菜とわらびは中国から、わかめは韓国からの輸入品です。

そのうえ山菜の塩漬けには「漂白剤」など、わらびには「着色料」「酸味料」「酸化防止剤（ビタミンC）」「pH調整剤」「保存料（ソルビン酸カリウム）」など、かなりの量の添加物が使われています。

これらは中国産で、加工も中国国内で行われ味付けまでされたものが輸入されます。

そして肝心のそば。「そばは日本の伝統食なので、そば粉は国産だろう」と思っている人は多いかもしれませんが、じつは国内に流通しているそば粉の8割は中国やアメリカなどからの輸入品です。

そばつゆも、醤油の原料の大豆は輸入品です。そばつゆは業務用の格安品なので、「調味料（アミノ酸等）」「酸味料」「着色料」などかなりの添加物が使われています。

食べ放題の薬味のネギは、あらかじめカットされてパックに詰められたものを卸業者から仕入れます。国産の場合もありますが、最近は中国産も増えています。

つまり、N君が食べた山菜そばは、ほとんどが輸入品で出来上がったものなのです。

山菜そばに限らず、天ぷらそばにしたところで同じです。

原料のエビは東南アジアからの輸入が大半です。衣に使われる小麦粉も輸入品でアメリカやカナダ、オーストラリアから輸入されてきます。立ち食いそばの場合は、エビの天ぷらなどは、すでに揚げたものを仕入れて使うことがほとんどです［**図表★6**］。

もし世界事変でも起きて食料輸入がストップしてしまったら、N君が食べていた山菜そばは、「お湯」にネギが浮いただけの「ネギ汁」（?）になってしまうでしょう。

[図表★6] 業務用エビの天ぷらの正体

名称	エビ天
原材料名	衣(小麦粉、でんぷん、コーンフラワー、イヌリン、粉末状植物性タンパク、大豆粉、食塩、植物性油脂)、えび(アジア他)、還元水あめ、魚醤パウダー、酵母エキス、揚げ油(なたね油・パーム油)、加工でんぷん、膨張剤、トレハロース、pH調整剤、マリーゴールド色素、調味料(アミノ酸)、(原材料の一部に乳成分を含む)

※メーカーによって若干の違いはあります。

→「裏ラベル」には書かれていても、店で出すときは表示の必要なし。

工場で揚げたものを仕入れて、店で使用している

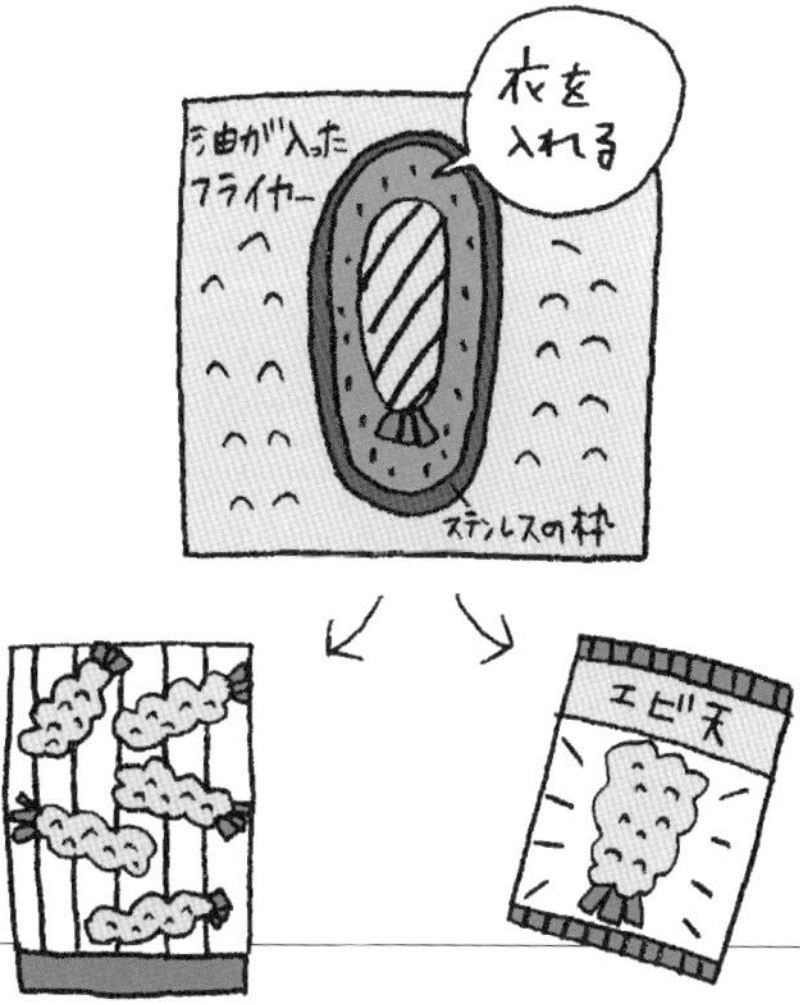

なぜ日本の食料自給率は4割なのに、スーパーには国産品が多いのか？

——外食の野菜は8割がたが輸入野菜

次ページの［図表★7］は、日本における輸入野菜の推移を表したものです。日本の野菜の輸入先はじつに世界50カ国といわれますが、その半分以上は中国からやって来ます。中国からの野菜の輸入は、ここ10年で見ると逓増《ていぞう》しているのです。

言われてみれば！

日本の食料自給率は4割以下。6割の輸入品はどこに行く？

現在、日本の食料自給率はカロリーベースで4割を切っています。単純に考えると6割は輸入品なわけです。

「言われてみれば……。6割の輸入品はどこに行くのだろう？」

と疑問に思ったことはないでしょうか。

スーパーを見渡してみてください。「6割が輸入品」という実感はあるでしょうか。

輸入品ももちろん売られていますが、生鮮野菜、果物、お菓子、缶詰、魚、肉、

[図表★7] 日本の輸入野菜の推移

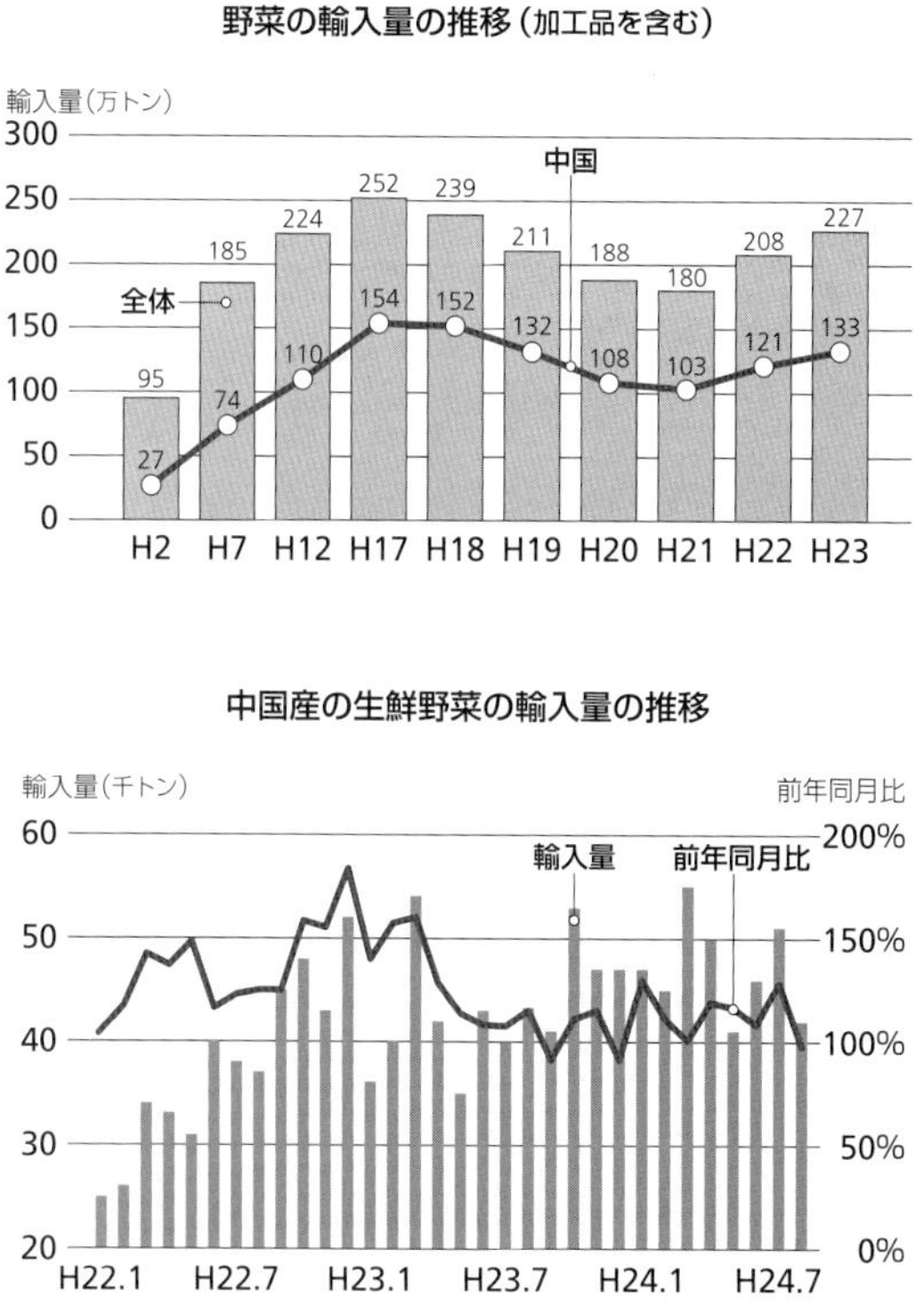

出所：「加工・業務用野菜をめぐる現状」平成25年1月、農林水産省

日本に入ってくる輸入野菜の半分以上は中国産。

[図表★8] 輸入野菜に占める加工・業務用需要の割合

野菜の輸入量に占める加工・業務用の割合

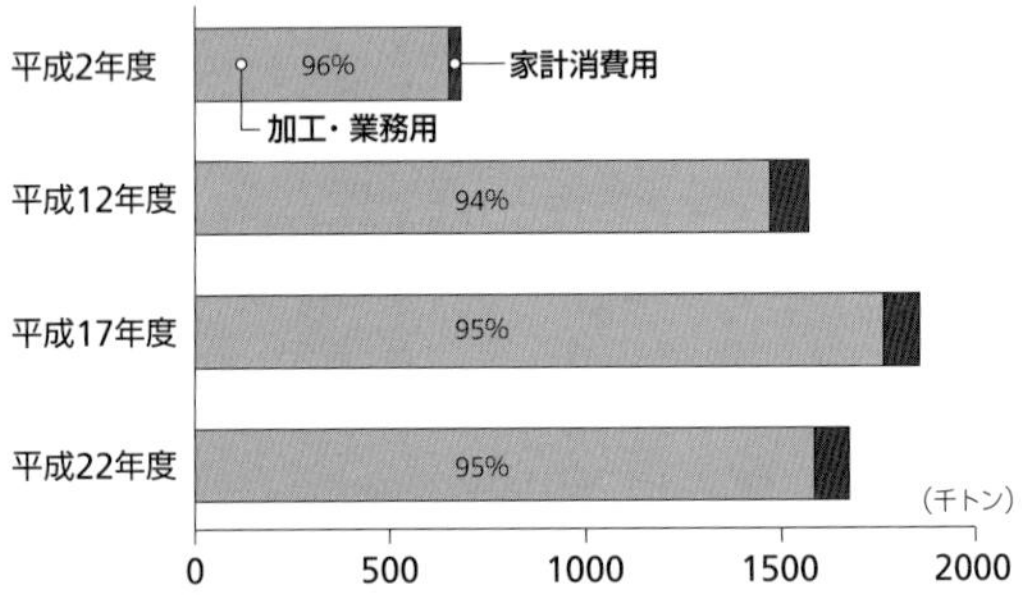

加工・業務用野菜への対応で自給率向上

増大する加工・業務用需要への対応が
不十分であったため輸入野菜が増加

↓

輸入野菜のうち95%が加工・業務用需要

↓

自給率の向上のためには、
加工・業務用需要への適切な対応が不可欠

出所：「加工・業務用野菜をめぐる現状」平成25年1月、農林水産省

輸入野菜のうち95%が
加工・業務用に回される。

スパゲッティ、小麦など全体の一部にすぎません。卵、牛乳、米はほぼ100%国産ですし、野菜は9割以上が国産品。魚や肉も8割が国産です。

小麦は9割以上が輸入なので、お菓子や麺類、スパゲッティなどは半輸入ということになりますが、いずれにせよ「スーパーで売られている食材は、輸入品よりも国産品が圧倒的に多い」というのが一般消費者の素朴な印象でしょう。

では輸入食材は、いったいどこに行っているのでしょうか？

その答えこそが、外食あるいは中食（調理済みの食品）にあります。

外食、中食こそが大半の輸入食材の受け皿になっているのです［図表★8］。

輸入品が外食・中食に流れる3つの理由

外食・中食が輸入食材を多用する理由は、大きく分けて3つあります。

❶安い

国産に比べると、輸入食材は2分の1から3分の1程度の価格です。

主食の米や、豚肉、鶏肉、牛肉などの肉類、加工品もすべて、輸入する経費を足しても国内生産するよりはるかに安いのです。

TPPが本格的に導入されると、日本に残る食材は、近郊で生産するしかない、傷みやすい野菜だけになってしまうかもしれません。

❷量が確保できる

もうひとつは量の確保の問題です。国産野菜はスーパーにもっていかれてしまうのです。

スーパーは産地を表示しなければいけないので、国産品を優先的に選びます。

外食産業は使用する野菜の原産地表示は不要なのでそこにこだわりはなく、量の確保できるものを買います。だから必然的に輸入野菜が増えるのです。

❸スーパーでは売れない外国産が回ってくる

日本人は輸入野菜に対して、あまりいいイメージをもっていません。輸入野菜は残留農薬やポストハーベスト（収穫後に防虫・防カビなどの目的で使用される農薬）など、安全性が疑問視されることが多いためです。

とりわけ中国産は敬遠されます。

中国からの輸入野菜に日本では使用禁止の農薬が残存していた事件が起こってからというもの、ますます避けたがる人が増えました。最近では中国製加工食品の危険を訴える報道も多くなっています。

富士通などが設立した食の情報提供機関「フードジャパンネットワーク」（FJN）がJA総合研究所と共同で行った2008年の調査では、野菜を買うときに「国産しか買わない」と答えた人は32％、「なるべく国産を買う」と答えた人は51％でした。

つまり、8割以上の人が国産品を選ぶと答えているのです。

スーパーには優先的に国産品が並ぶと述べましたが、その最大の理由はここにあります。

いうまでもなく、外国産は売れないのです。

だからスーパーでは売れない外国産が、必然的に外食に回ってくるのです。

普段は避けているつもりでも、外食で輸入野菜を食べている

その結果、私たちは日ごろの食材選びでは外国産を避けているつもりでも、外食をするとき、知らないうちに輸入野菜を食べています。

たとえば宅配ピザにのっている野菜は、ほとんどが輸入野菜です。

ファミレスで使われる野菜、食べ放題の焼肉店の野菜、きのこ類、立ち食いそばの野菜天ぷらも、輸入野菜がかなり多く使われています。

しかもその多くが、みなさんがスーパーでは敬遠しがちの中国産です。

生協などの宅配をとっていて、「うちは輸入野菜は買いません」といっている人でも、宅配ピザは平気で注文するし、ファミレスにも行くでしょう。

スーパーでは避けられているはずの中国野菜の輸入が伸びているのは、ほかならぬ、この理由によります。

私は何も「輸入野菜が悪い」「中国野菜が悪い」といっているわけではありません。

ただ、輸入野菜を避けているつもりでも、知らず知らずのうちに輸入野菜をたくさん食べてしまっている「裏側」があることをお伝えしたいのです。

ショック 5

外食は食品添加物まみれ!?

「成型肉、植タンハンバーグ、カサ増しエビフライ、知らないうちに食べている輸入食材……。もうランチもおちおち食べられないじゃないか」

いささかやけ気味になったN君。仕事でもちょっとしたミスで上司に怒られ、憂さ晴らしに近くの居酒屋で一杯やって帰ることにしました。

ビールのつまみは、きんぴらごぼう、ひじき煮、きゅうりのしば漬け、枝豆、焼き鳥……。

「子どものためにも健康で長生きしなくては！」

最近気になる腹まわりに気遣ってヘルシーメニューを注文したつもりのN君。

しかしその「裏側」をのぞいてみれば、残念ながらあまり「ヘルシー」とはいいがたいものがあります。

居酒屋で一回食事をしただけで、添加物を大量摂取！

もちろんこの居酒屋の食材は野菜も鶏肉もほとんどすべて輸入品ですが、それに加えて、そこに使われている食品添加物もかなりの数と量になります。器に盛られて出されるときには表示がありませんが、仕入れ品の袋に記載されている裏ラベルを見たら、あまりの添加物の多さに気持ち悪く感じる人もいるかもしれません【図表★9】。

きんぴらごぼう、ひじき煮には「調味料（アミノ酸等）」に加えて「酸味料」「酸化防止剤」「増粘多糖類」「ｐＨ調整剤」などが使われています。

きゅうりのしば漬けには「調味料（アミノ酸等）」「酸味料」「保存料（ソルビン酸Ｋ）」「甘味料（ステビア）」「着色料（赤１０６）」などの添加物が使われています。

焼き鳥にも、タレに「ｐＨ調整剤」「カラメル色素」「調味料（アミノ酸等）」「酸化防止剤」などが使われています。

ヘルシーメニューのはずがどうしてこんなことになってしまうのかというと、第１章でも少し触れた「仕入れ品」とオペレーションの問題なのです（仕入れ品の実態については次章で詳述します）。

[図表★9] きんぴらごぼう、ひじき煮、きゅうりのしば漬けの正体

名称	そうざい(きんぴらごぼう)
原材料名	ごぼう、人参、しょうゆ、砂糖、還元水あめ、植物油脂、かつお節エキス、唐辛子、調味料(アミノ酸等)、酒精、酸味料、塩化Ca、酸化防止剤(ビタミンC)(原材料の一部に小麦を含む)

※メーカーによって若干の違いはあります。

名称	そうざい(ひじき煮)
原材料名	ひじき、鶏肉、ごぼう、にんじん、油揚げ、砂糖、異性化液糖、しょうゆ、枝豆、みりん、大豆油、食塩、発酵調味料、たん白加水分解物、昆布エキス、かつおエキス、調味料(アミノ酸等)、酸味料、豆腐用凝固剤、増粘多糖類、pH調整剤、着色料(クチナシ、カラメル)(原材料の一部に小麦を含む)

※メーカーによって若干の違いはあります。

名称	きゅうりのしば漬け
原材料名	胡瓜、生姜、しその葉、漬け原材料[塩、醸造酢、醤油、果糖ぶどう糖液糖]、調味料(アミノ酸等)、酸味料、保存料(ソルビン酸K)、甘味料(ステビア)、着色料(赤106)、香料

※メーカーによって若干の違いはあります。

→ これがヘルシー系「和食メニュー」の正体。産地は国産もあるが中国産も多い。

ファミレスやチェーンの居酒屋は、注文品を食材からつくって提供するのではなく、あらかじめ各店舗に配送された冷凍品、真空パック、レトルトなどを温めて出すだけというシステムになっています。

国内・海外の食品工場でつくられたものは、「長持ちさせる」ために、「味をよく、かつ均一にする」ために、あるいは「コストを下げる」ために、さまざまな添加物が使われます。

もちろん、すべてのファミレスやチェーンの居酒屋でいま述べた添加物が同じだけ使われているわけではありません。仕入先によっても異なります。

ただ多くのチェーン店が仕入れ品に頼っており、そこには添加物が多用されているのは紛れもない事実です。

表示がないからわからない

添加物を気にする人は、コンビニ弁当に細かい字で書かれている裏ラベル（原材料表示）を見て、「こんなに入っているのか！」と顔をしかめます。

ところがそういう人も、ファミレスやチェーンの居酒屋では平気で気にせず食べていたりします。表示がないから何が入っているかわからないのです。

もしも注文したハンバーグのお皿に「食品添加物一覧」というメモがついてきて、「リン酸塩」「亜硝酸ナトリウム」「pH調整剤」「酸化防止剤」「調味料（アミノ酸等）」「甘味料」などと細かい字でぎっしり並んでいたらギョッとするのではないでしょうか。

私自身は、添加物の危険性を声高に述べるつもりはありません。現代人の食生活は、添加物による恩恵を受けていることは間違いないし、添加物を入れなければ商品として成り立たないものも多くあります。

ハムやソーセージなどに使われる「発色剤」「リン酸塩」は、ハム本来の風味や食感を出すために私は欠かせない添加物だと思っています。「発色剤」を抜いた色の悪いハムを食べるくらいなら、ハムそのものを食べない選択を私ならします。

添加物は、厚労省の許可の下りたものだけが使われています。あとは個人の選択だと思います。気にする人は避ければいいし、気にしない人は堂々と食べればいいのです。

しかし、選択も何も、「表示」がなければ話になりません。それでは選択したくても選びようがない。

コンビニ弁当を見て「こんなに添加物が入っているなら食べたくない」と思う人も、ファミレスの添加物がたくさん入ったランチは表示がないから平気で食べられる。

コンビニ業界で仕事をしている私がいうのもおかしなものですが、コンビニは正直なのです。正直だから、使っている添加物を全部書いている。

ところが同じように添加物が入っていても、外食産業は表示をしなくてもいいのです。これはおかしなことではないでしょうか。

ショック6

持ち帰り弁当のご飯は2年前の古古米

外食店にすっかり不信感をもってしまったN君。

「もう変な外食店はイヤだ。でもだからといって毎日のランチに高級レストランに行くわけにもいかないし……」

子どもの世話とパートに追われる奥さんに「弁当をつくってくれ」とはとてもいえ

ません。家事能力の低いN君が、自分で弁当をつくって持参する「弁当男子」に急に変身できるはずもありません。

今日は持ち帰り弁当を買ってきました。

持ち帰り弁当というのは、その場で注文してつくってもらう弁当屋の弁当のことです。

ところが弁当を買ってきて「さあ食べよう」というときに、上司から緊急の呼び出しがかかりました。取引先から見積もりの件でクレームがついたというのです。慌てて対応に追われ、ランチどころではありませんでした。

最終的には先方の誤解であったことが判明し、ホッと脱力。席に戻りすっかり冷めてしまった弁当を口にしたN君でしたが……。

「ん？ このご飯、なんかおいしくない。つか、かなりまずいんだけど……」

N君のこの感想は、じつはある問題を提起しています。

なぜならN君の買ったチェーンの持ち帰り弁当に使われているご飯は、2年前の米、つまり古古米だからです。

コンビニのおにぎりは新米を使っている

チェーンのできたて弁当では、古米（1年前の米）、古古米（2年前の米）がじつに多く使われていいます。昨年の米、一昨年の古い米を安く仕入れて、工場で炊いて各店舗に納品しているのです。

その際、ふっくらつややかに見せかけるために「品質改良剤」「品質保持剤」あるいは植物性油などが多く使われます。

コンビニの工場では私の知る限り、古米を使うところはありません。普通の家庭と同じように、秋に収穫された新米を1年間使います。

言われてみれば！

なぜコンビニのおにぎりは冷めてもおいしい？

「なぜコンビニのおにぎりは冷めてもおいしく食べられるのだろう？」

そういう疑問をもたれたことはないでしょうか。

「コンビニのおにぎりには添加物をたくさん使っているから、そのせいでおいしく食べられるのでは？」と思われるかもしれませんが、ご飯そのものにはほとんど添加物は使われていません。添加物が使われているのは具です。

では、なぜ冷めてもおいしく食べられるのか。

それは、コンビニのご飯は、新米が使われているからです。だから、おいしい。それだけです。

一方、チェーンの持ち帰り弁当のご飯は、冷えたらとても食べられたものではありません。それは1年前、2年前の米を使っているからです。

ウソだと思ったら一度試してみてください。それくらい日本人は、米の味に敏感なのです。


古米、古古米は決定的においしくない。日本人にはやはり米が重要なのです。

さらに持ち帰り弁当で使われる野菜も、9割がた輸入ものです。主に中国が多く、魚や肉なども安い輸入品が大半です。

これらは現地で加工したものを輸入する場合もあれば、日本の工場で加工される場合もあります。いずれにせよ、加工の現場ではかなりの添加物が使用されています。

私なら、持ち帰り弁当よりもコンビニ弁当を選ぶ

もしみなさんが「コンビニ弁当と持ち帰り弁当のどちらかを選べ」といわれたらどうしますか？

何人かに聞いてみましたが、「持ち帰り弁当を選ぶ」という人が圧倒的に多いようです。それは「できたて」ということが大きいと思います。

できたて・つくりたての持ち帰り弁当とコンビニのつくり置きの弁当を比較するのはフェアではありませんが、私ならコンビニ弁当を選びます。

理由は、いま述べたように、使われている素材がまったく違うからです。

またコンビニ弁当にも添加物は使われますが、裏ラベルにきちんと書かれています。ところが持ち帰り弁当は「その場で加工するものだから」という理由で添加物の表示をしなくていいのです。

おそらくコンビニと同等か、それ以上の添加物が使われています。先ほど説明したファミレスや居酒屋の話と同じで、持ち帰り弁当は、表示がないから何が使われているのかわからないのです。怖いことではないでしょうか。

持ち帰り弁当にももちろん利点はありますが、その「裏側」で何が起こっているか、何が使われているのか、私たちには知る由もないのです。

古米もスーパーでは売れないから、外食に回される

古米が使われるのは、何もチェーンのできたて弁当ばかりではありません。外食店では非常に多く古米が使われています。とくにチェーン展開をしている店、安い店などでは、古米、古古米が使われている可能性が非常に高いのです。

私は何も「古米、古古米を使うのが悪い」といっているわけではありません。

日本では不作に備えて150万トンほどの米を備蓄しています。古いものは5年前のものだそうですが、毎年古いものから消化しなければなりません。

しかしこれはスーパーでは売れないのです。

みなさん、2012年産より も2013年産を、2013年

1~2年前の米はスーパーで売れない。
だから、外食に回される。

産よりも２０１４年産を欲しがります。スーパーでは産年の表示が義務付けられていますが、「古米」と書いてあると、安くても買ってくれません。

では、古米は誰が引き取るのか。

輸入食材同様、外食や中食（調理済み食品）になります。

外食産業が古米を消費してくれるのは日本国家、国民のために、ありがたいことです。問題は、それを黙って使っていることです。

お客さんは何も知らず、「今年の米だ、新米だ」と思って食べているでしょう。でもそれが「2年前の古古米」だと知ったとき、どう思うでしょうか。

「うちは2年前の米を使っている。だから安いんです」とお客さんにきちんと情報を提示すべきではないでしょうか。

また外食の話ではないので本書では詳しく取り上げませんが、せんべいなどの加工品にも古古米が非常に多く使われています。

使うのはいいとしても、産年は伏せておいて「魚沼産コシヒカリ使用」などと、自分がアピールしたいところだけ書くのはいかがなものでしょうか。これもごまかしの一種ではないでしょうか。

第3章

包丁いらずでバイトでできる！
何でもありの「仕入れ品」はこうして見抜け！

仕入れ品が大活躍している外食の世界
――純和風メニューも大半が海外で調理!?

前章までに何度か「仕入れ品」について触れてきました。「いまの外食産業は仕入れ品なしでは成立しない」といっても過言ではありません。

改めて説明すると、仕入れ品というのは、工場やセントラルキッチンで加熱調理・半調理され、各店舗では温めるだけ、炒めるだけ、揚げるだけのワンクックの状態、あるいは盛り付けるだけの状態で運ばれてくるものです。

加工工場は国内のこともあれば、中国、インドネシア、ベトナムなど東南アジアのこともあります。

海外はかつては中国が多かったのですが、いまは東南アジアにシフトしてきています。はるか異国の地で、和食など食べたこともない人たちがつくったものが運ばれてくるのです。

業務用仕入れ品は、いまや何でもあります。

ピラフ、チキンライス、赤飯のご飯もの、きんぴらなどの小鉢もの、グラタン、シチュー、スパゲッティのソースなどの洋風料理からデザートまで。まさに職人要らずの世界です。

包丁がない？　ファミレスの厨房

ファミレスには和洋中、さまざまなメニューが用意されています。しかも頼んだものはすぐに出てくる。味もそれなりに食べられる。とても便利な存在です。

しかし、そこで出てくるハンバーグや鶏の唐揚げ、サラダがどのように調理されているか考えたことがありますか？

ファミレスの厨房をのぞいたら、みなさんきっと驚かれるでしょう。そこはまるで精密機器工場のようです。

まず人が非常に少ない。たいてい2〜3人です。

中は清潔で、調理の匂いや油の汚れなどもほとんどありません。なぜなら、そこでは調理らしい調理が行われていないからです。包丁さえないところもあります。

そうです、いま述べた「仕入れ品」がファミレスでは大活躍しているのです。

大手ファミレスはどこも専用の「セントラルキッチン」があり、そこで一括して大量の食材を調理し、調理済み、あるいは半調理済みの食品を各店舗に配送します。セントラルキッチンは、さしずめ巨大食品工場です。ここに一気に食材が集められ、下ごしらえされ、加工調理がされ、コンテナで各店舗に運ばれます。冷凍がメインですが、冷蔵やレトルト（真空パック）の場合もあります。

全国にチェーン展開している居酒屋もシステムは同じです。こちらはチェーンで専用のセントラルキッチンをもっている場合もあれば、食品加工工場と契約していて、そこから納品される場合もあります。

いずれにしても調理済み、加工済みのものが、冷凍や冷蔵、真空パックの状態で運ばれてきます。それらを揚げる、焼くなど、簡単な仕上げをして出すだけです。

仕入れ品のとんだハプニング
――「ハンバーグの中が凍っていた」「皿に盛ったご飯が四角いまま出てきた」

仕入れ品のメリットは味の均一化以外にもあります。

まず食材を仕入れていちから真面目につくるよりも、はるかに作業効率がいいという利点があげられます。

それから職人要らずで、包丁を握れない人でも料理がつくれるというのも大きなメリットです。今日入社した人、家では台所に立ったことのないアルバイトでも即、調理が可能です。

さらにもうひとつは、仕入れ品の多くは冷凍保管です。食材が余って無駄になることもありません。

こうした仕入れ品を多用した食品を出しているところでは、とんだ「ハプニング」が起こることもあります。

私の経験では、シチューのジャガイモが冷たいまま出てきたことがありました。解凍・加熱が十分でないと、こういうことはよく起こります。

「卵焼きが冷たい」「ハンバーグの中がまだ凍っていた」「解凍した魚が中まで焼けていない」などもよくあります。

ほかの人の経験では、皿に盛ったご飯が四角いまま出てきたそうです。パックから出してレンジで解凍し、そのまま出してきたのでしょう。

代表的な11の仕入れ品

仕入れ品には具体的にどんなものがあるのか。代表的なものを11個ほど紹介します。

❶野菜

野菜は洗浄・カットされた状態で入ってきます。「カット野菜」と呼ばれるものです。カットしてから使用するまでに時間がかかるので、その間野菜が傷まないように「次亜塩素酸ソーダ」の液で十分に洗浄・殺菌する必要があります。

用途に合わせてミックス野菜もあります。

たとえばきんぴらミックスは、ごぼうとにんじんが細くカットされてパックされてきます。中華ミックスはベビーコーン、にんじん、たけのこ、きぬさやなど火を通して冷凍したものが詰め合わされてきます。冷凍のまま、エビや豚肉と炒め合わせれば、中華どんぶりができます。

仕入れ品はこうして見抜け！

ドレッシングが濃すぎるサラダは、カット野菜の確率大

健康のために外食ではサラダをよく頼むものの、「ファミレスで食べるサラダはとくにおいしくない……」と感じたことはないでしょうか。

普段、気にしていない人も、今度食べるときには、ドレッシングがかかっていない、野菜だけのところをじっくり味わって食べてみてください。野菜本来の味がきちんとするでしょうか？

ファミレスのサラダに野菜本来の味が感じられないのは、「次亜塩素酸ソーダ」で何度も洗浄され、おいしさも栄養も抜けてしまったカット野菜を使っているからです。

だから、濃い味のドレッシングをかけてごまかしているのです。もちろんそのドレッシ

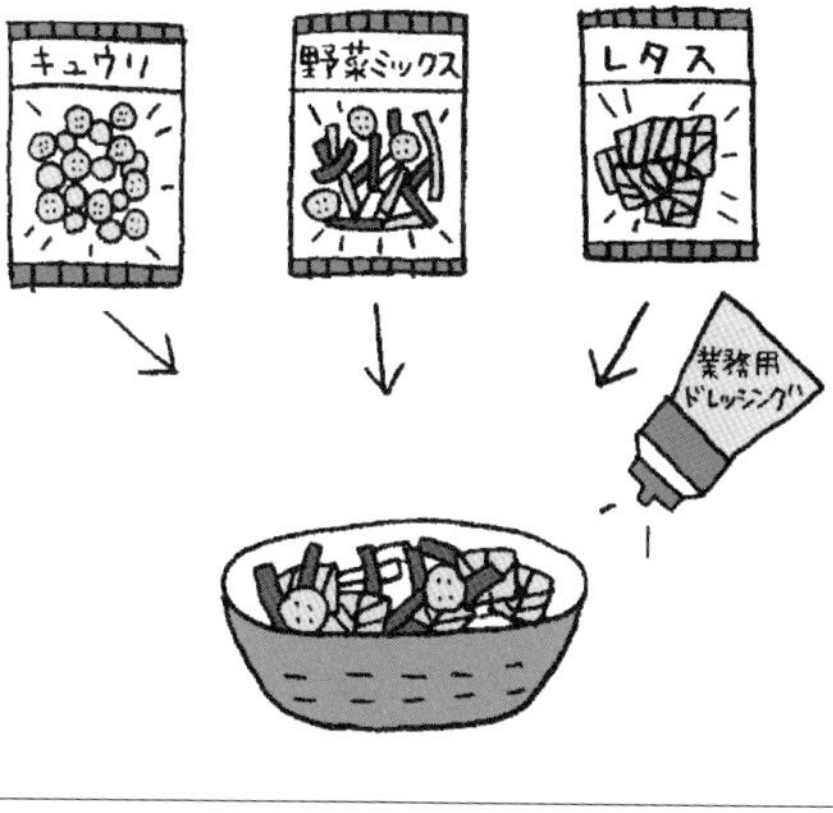

ングも、添加物がたくさん入った業務用です。

野菜の味がしない、そのわりにドレッシングの味が濃いものに当たれば、カット野菜を仕入れている確率が高いといえます。

❷刺身

刺身はサク（カタマリ）の状態で入ってきたものを各店舗でスライスする場合もあれば、1枚1枚切って真空パックされたものが入ってくる場合もあります。

サクを店舗で切る場合も、チェーン店の場合は多くが開店前に切ってつくり置きをしています。

もちろん切り置きした刺身がおいしいわけがありません。刺身は職人が魚を選んで3枚におろして、新鮮なものを出してこそおいしいのですから。


仕入れ品はこうして見抜け！

回転寿司に行ったら、醤油に注目してみよう

回転寿司に行ったときには、テーブルに置かれている醤油に注目してみてください。

たいていの回転寿司では、おいしさの抜けてしまった刺身を食べさせるために、醤油に「調味料（アミノ酸等）」などを入れて普通より濃い味付けにしています。

　また、醤油差しの注ぎ口にも注目してください。

　家庭用のものと比べて大きくはないでしょうか。付け皿に大量に醤油が注がれるように、わざと注ぎ口が大きい醤油差しが使われていることがよくあります。

　味の抜けた鮮度の悪い刺身でも、濃い味付けの醤油をたっぷりつければ、なんとか食べられてしまうものです。

3 焼き鳥

タイをはじめとした東南アジアで鶏肉を串に差して、炭火で焼いて、冷凍させたものが輸入され納品されます。

お店では皿に盛って、電子レンジでチンすれば出来上がりです。

仕入れ品はこうして見抜け!

焼き鳥は「ねぎま」があるかに着目する

店で焼き鳥を頼んだとき、鶏肉の大きさも形も見事に同じものが出てきたことはないでしょうか。

形が揃っていてきれいなものは、ほぼ間違いなく輸入ものの仕入れ品です。各店舗で、肉のかたまりからひとつずつ手作業で切って串に刺すやり方では、大きさや形に多少の不揃いが出るのは当然のことです。

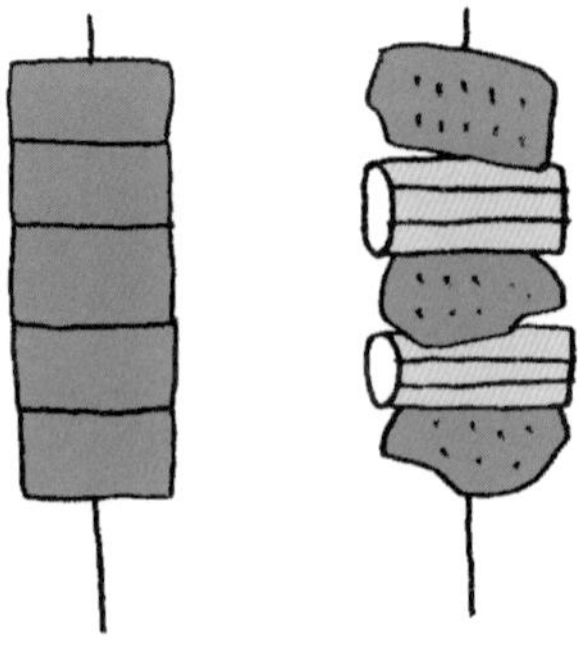

それからもうひとつ、冷凍焼き鳥かどうかを見抜くコツがあります。

それは「ねぎま」があるかどうかです。ネギは冷凍・解凍に不向きだからです。

居酒屋で焼き鳥を頼もうとしたのに、「ねぎま」がなくて不思議に思ったことはないでしょうか。逆にいうと、メニューに「ねぎま」があれば、その店は冷凍焼き鳥を使っていないということです。

4 魚フライ（アジフライからエビフライまで）

アジフライは3枚におろして衣をつけた状態で冷凍したものが搬入されます。

時々「九州産アジ」などというメニューの謳い文句を見かけますが、加工したのはどこかわかりません。

九州で釣ったアジをわざわざ中国にもっていって、現地で3枚におろして衣をつけ、日本に再度もってくるというケースもよくあります。

「日本で釣った魚を日本で加工しないの？」

「なぜそんな面倒なことをするの？」

と思われるかもしれませんが、中国の人件費・加工費は日本の10分の1、20分の1

なので、往復の輸送費を払ってでも中国で加工したほうが安いのです。

またエビフライであれば、すでにエビに衣がついた状態で運ばれてくるので、店ではそれを揚げるだけです。

衣がついて運ばれてきたエビフライ、何度も洗われて運ばれてきたエビは本来のおいしさは抜けてしまっています。エビの形をした白身魚のフライを食べているような感じです。

エビフライはソースやタルタルソースで食べる人が多いかもしれませんが、本当は塩で食べるとおいしいものです。裏を返すと、エビフライそのものに味がないので、ソースやタルタルソースでごまかしているともいえます。

仕入れ品はこうして見抜け!

妙に衣が固いフライは、冷凍品の確率大

食べてみて、妙に衣が固いエビフライやアジフライに当たったことはありませんか?

そういうフライは、まず冷凍品と思って間違いないでしょう。

なぜ冷凍フライは、衣が固くなってしまうのか。

冷凍品はパン粉をつけてから冷凍して運んできます。そのため、目の細かいパン粉を使用します。また生パン粉ではなく、固い乾燥品を使います。だから、衣が固くなってしまうのです。

パン粉が細かく、固いパン粉がついたアジフライは、店でパン粉をつけていない証拠です。エビフライも同じカラクリです。

ファミレスや居酒屋、洋食屋で魚フライを頼んだときは、ぜひ衣の固さに注目してみてください。

妙に衣が固い
フライは冷凍品！
パン粉を手づけすると
カドが立っておいしい！

5 コロッケ

コロッケは、中国あるいは東南アジアの工場で加工して、パン粉をつけた状態で冷凍されて納品されます。

それをパックから出して店舗で揚げて出します。

牛肉コロッケからエビコロッケ、カニクリームコロッケまで、どれもほぼ同じようにつくられています。


仕入れ品はこうして見抜け！

妙に甘いコロッケは、冷凍品の確率大

外食店のコロッケは食べると、妙に甘みを感じることがありませんか？

あれは砂糖がかなり入っているからです。

なぜ砂糖をたくさん入れるのか。

それは砂糖を入れると凍結耐性がよくなり、変質が少なくなり、結果として日持ちがよくなるからです。

だから冷凍コロッケは、家庭の手づくりコロッケに比べて甘くなる傾向があります。

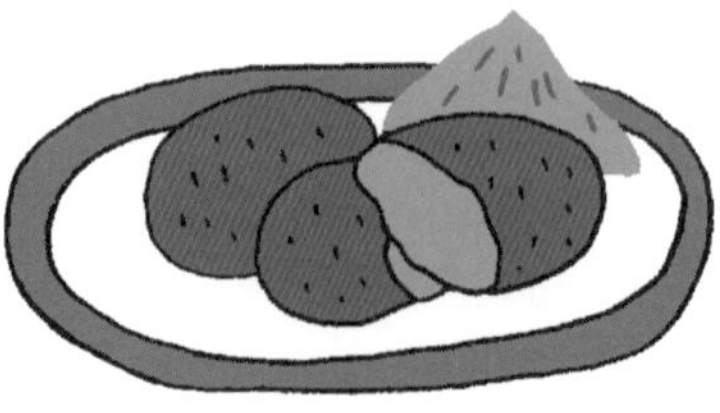

外食店で妙に甘いコロッケに当たったときは、冷凍品と思ってまず間違いありません。

6 卵（オムレツ、卵焼きから液卵まで）

仕入れ品の卵には、卵焼き、ゆで卵からオムレツまでいろいろあります。パックされてチルドや冷凍で納品されます。

また液卵を仕入れることもあります。液卵というのは、殻を割った状態にした卵のことです。

割ったままの状態のものもあれば、溶いた状態のものもあり、さらに全卵のもの、卵黄だけ、卵白だけのものもあります。

ほかにも、塩を加えたもの、砂糖を加えたものまであり、それを使ってオムライス、卵焼きをつくると便利です。

輸送は冷凍かチルドです。使い残しがないし、殺菌処理されているので重宝します。

仕入れ品はこうして見抜け！

卵サンドの黄身がおいしくなければ、指でつぶしてみる

コンビニの卵サンドに「卵黄」が使われていないことがあるといったら驚かれますか？

卵を「卵白」と「卵黄」に分けて流通させようとすると、お菓子などに使われる卵黄（黄身）のほうがニーズが高く、卵白は余りがちです。

余った卵白はどうするか。廃棄するのはもったいない。

そこで、余った卵白を安く仕入れて黄色く着色し、あたかも黄身に見えるように加工しているのです。

卵の黄身はやわらかく、簡単に均一につぶれます。ところがこの「黄身に偽装した」白身は、つぶそうとすると弾力があってつぶれにくい。やってみればわかります。

食べてみると、卵のおいしさはまったくありません。コンビニの卵サンドがおいし

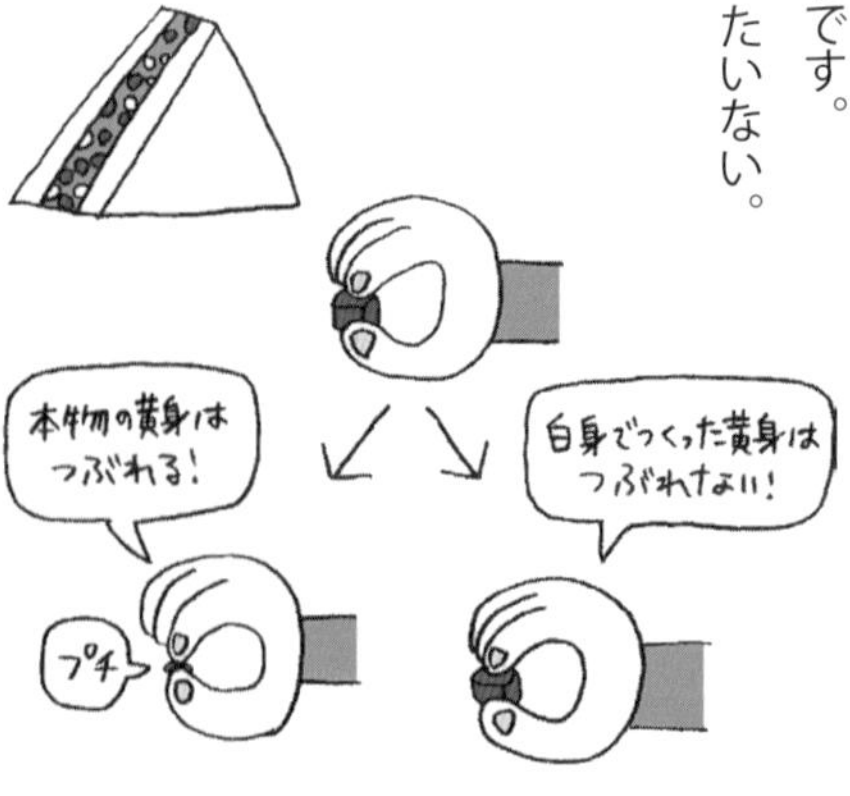

白身でつくった黄身は つぶれない！
本物の黄身は つぶれる！
プチ

くなかったら、「黄身」(に見える部分)を指でつぶしてみてください。

7 枝豆

枝豆は居酒屋の定番メニューですが、ほとんどが中国産です。ゆでて、冷凍された状態で運ばれます。お店では、解凍して皿に盛り付けるだけで提供することができます。

枝豆をおいしくゆでてくれるお店は、枝豆の両端を切り、塩水につけてからゆでて出してくれます。もちろん味は冷凍枝豆とは比較にならないほど、おいしいものです。

仕入れ品はこうして見抜け!

枝豆の旬は春から初夏。一年中メニューにある店は、冷凍品の確率大

枝豆は居酒屋の定番メニューで、お通しで出てくることもよくあります。しかし、枝豆の旬は春から初夏です。

季節に関係なく一年中枝豆を出す店があるとすれば、それは間違いなく冷凍品です。

秋や冬になっても、平気でメニューに枝豆をのせている店は要注意です。

　枝豆は、ゆでたてがおいしいものです。私が自宅で食べるときは、枝についたままの状態で買ったものを、直前にハサミで枝から切り離し、それをゆでて食べます。

　冷たく冷えた冷凍枝豆は料理とはいえないと私は思います。

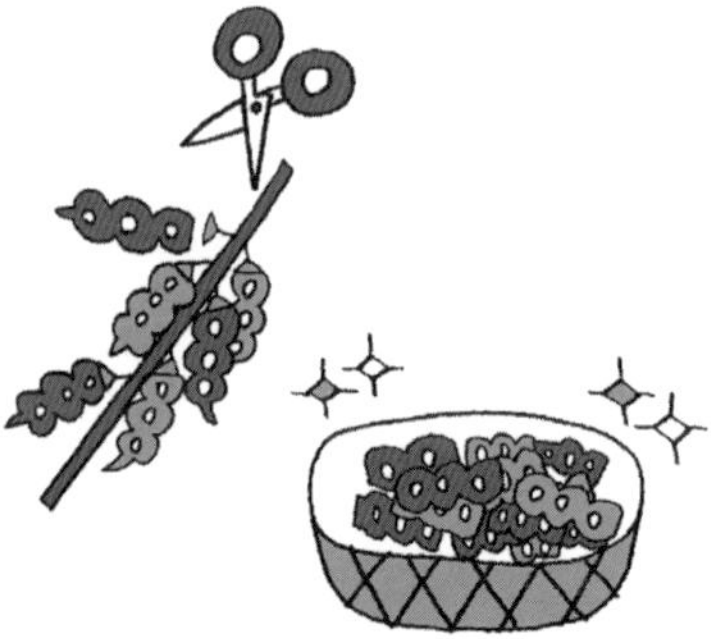

8 小鉢・煮物

　完成品が真空パック入りで冷凍保存されて運ばれてきます。店内で取り分けて出す、電子レンジで温めて出す、それだけです。

　ひじき煮、切り干し大根の煮物、筑前煮、フキの炊き合わせ、こんにゃくの白和え、インゲンの胡麻和え、焼きなす、とろろ、各種漬物など、何でもござれの世界です。

仕入れ品はこうして見抜け！

違う店で同じお通しが出てきたら、仕入れ品の確率大

居酒屋に行っても、定食屋に行っても、「同じようなお通しが出てくるな」と思っている人は多いと思います。

同じようなひじきの煮物、同じような切り干し大根がお通しで出てくることは多いのではないでしょうか。

その理由は簡単。同じ仕入れ品を使っている店が多いからです。

メインディッシュは自分のところでつくっても、お通しや小鉢ものは仕入れ品を使うという店は、チェーン店に限らず、個人店でもじつに多いものです。

逆の言い方をすれば、お通しや小鉢、あるいは漬物など、何気ない一品に、その店の姿勢と実力が表れるともいえます。

9 大根おろし

大根おろしは、工場で機械でおろしたものが冷凍パックで納品されます。コーン状（アイスクリームコーン）に成型してあって、上にしょうがを盛ったタイプもあります。トレイにずらりと並べてパックされ、納品されてきます。

大根おろしはおろしたてが一番おいしく、栄養があります。大根に含まれているビタミンCはおろしたときが一番多く、時間とともに分解してしまいます。だから仕入れの大根おろしは、風味も栄養も何もあったものではありません。

仕入れ品はこうして見抜け！

メニューに注目し、大根おろしだけでじっくり食べてみる

時々、お店のメニューに「大根おろしは店内でつくっています」という文言を見かけることがあります。全国チェーン店の中にもあります。

わざわざ、そう書いて、鮮度とおいしさをアピールするということは、裏を返せば、外食全体で見ると、大根おろしは仕入れ品で済ませている店が圧倒的に多いということです。

次回、大根おろしがつくような食事を頼むときには、よくメニューを見てみてください。

「店内でつくっています」と書かれている大根おろしは、特有の辛みと甘みがあり、味もおいしいと思います。

大根おろしだけでじっくり味わって食べてみると、鮮度とおいしさの違いに気づくはずです。

⑩ラーメン

ラーメンのスープは、完成品がパックに入って運ばれます。それを開けて、麺をゆでて、トッピングをすれば完成です。

仕入れ品はこうして見抜け！

ラーメン店に入ったら、大きな寸胴鍋があるかに注目する

ラーメン店に入ったら、大きな寸胴鍋《ずんどうなべ》が厨房にあるかどうかを見てください。厨房の中に寸胴鍋があれば、そのお店できちんとスープをとっていると考えられます。

もしラーメン店なのに寸胴鍋がない店があれば、そこは業務用のラーメンスープを仕入れている確率大といえるでしょう。

もしチャンスがあれば、一度、スープの寸胴鍋の中をのぞき込んでみてください。すると、もっと多くのことがわかります。

鍋の中にネギや豚の骨などが入っていれば、間違いなく店でスープをとっています。

⓫ご飯もの

普通の白いご飯はもちろん、五目ご飯、お赤飯、山菜おこわなど、炊いたものが納

品されます。チキンライスは冷凍品もあれば、温かいご飯に混ぜるだけでできる「調味料ミックス」もあります。五目ご飯、山菜おこわなど、各種「炊き込みご飯の素」もあります。

ちらし寿司は「ちらし寿司の素」を使って炊いて、その上に仕入れ品のしいたけの甘煮、錦糸卵、紅しょうがを彩りよくトッピングして出来上がり。

カツ丼は衣をつけて揚げるだけになってパックされたトンカツを揚げて、カツ丼用の合わせ調味料でたまねぎを煮て、卵でとじるだけ。自分で衣をつけて揚げる場合は、打ち粉をミックスさせた「バッターミックス」もあります。バッターミックスとは卵、小麦粉、水をミックスしたもので、いっぺんに衣がつくため、とても便利です。

ほかに牛丼用、親子丼用の合わせ調味料も販売されています。

仕入れ品はこうして見抜け！

寿司のシャリの形に注目する

多くの回転寿司では、酢飯は仕入れ品を使っています。

「酢飯は厨房で炊いている」と思っている人もいますが、とんでもない。仕入れ品のほうが、手間がかからずコストも安く済みます。

トレイに入った酢飯を、イラストのような「寿司ロボット」に入れ、一つひとつ寿司の形にしたものに、これまた冷凍品の寿司ネタを上にのせて提供しています。

もちろん、職人の手にかかれば、一つひとつ寿司を握っても、シャリはほぼ同じ形、同じ大きさになります。きれいに揃っているからといって「寿司ロボット」がつくっているというわけではありません。

ただ、どう見ても、職人がいないような安い居酒屋や寿司屋で、きれいに揃った寿司飯が出てきたときは、それは仕入れた酢飯と思って間違いないでしょう。

回転寿司ではさすがにありませんが、「何でも揃っている」ような居酒屋の中は、すでに寿司の形にして冷凍された酢飯を解凍して使っている店も少なくありません。

素人でも回転寿司店がオープンできる

これほどあらゆる仕入れ品が懇切丁寧に揃っているのが、いまの外食産業です。まったく調理経験のないズブの素人でも、資金さえあれば、たとえば回転寿司店だってオープンすることも可能です。刺身、ネギトロ、卵焼き、デザートもすべて仕入れ品でまかなうことができます。

マグロはもちろんサバ、イワシ、サンマ、太刀魚、サヨリ、味付けアナゴ、サーモン、タイと何でもあります。サクの状態のものもあれば、1枚1枚カットされてパックされたものもあります。

酢飯は「寿司飯の素」を炊飯のときに入れるだけで出来上がり。炊いた酢飯を仕入れることも可能です。これを寿司ロボットで握らせ、上にネタをのせれば寿司の出来上がり。まさに職人要らずです。

立ち食いそば屋、うどん屋もできます。

仕入れの冷凍麺を解凍し、仕入れのつゆをかければいいだけ。天ぷらも、かきあげ、エビ天、イカ天、各種野菜天ぷらと何でも揃っています。

[図表★10] その他のよくある仕入れ品

焼き魚	焼き魚は、3枚におろす、半身に加工するなど、すぐ焼ける状態になって冷凍輸送されてきます。骨を抜いてあるものもあります。
うなぎ	外食で使われるうなぎは一部の専門店を除き、ほとんどが中国産です。現地でうなぎをさばき、炭火で焼いて、タレをつけて、解凍するだけで食べる状態にして輸入されてきます。
唐揚げ	衣をつけて下揚げして中まで火が通った状態で冷凍したものが搬入されます。それを軽く揚げて出すだけ。多くは中国産です。 ＊揚げ物はほかにも、串カツ、トンカツ、コロッケ、オニオンリング、ごぼうチップス、かきあげ、レンコンのはさみ揚げ、はんぺんフライ、揚げワンタンと何でも揃います。
ハンバーグ	みじん切りのたまねぎを炒めて、肉と一緒にこね、味をつけて焼いたものが、一つひとつパックに入って冷凍保存されて運ばれてきます。各店ではそれをボイルするだけです。店によっては、オーブンで焼く場合もあります。
フライドポテト	下揚げして、冷凍で運ばれてきます。これを軽く揚げて出すだけです。
カレー	完成品がレトルトパックで納品されます。それを鍋に移して温めて、ご飯にかけるだけです。
スパゲッティ	ソースはレトルトで店舗に運ばれてきます。ゆでた麺の上にかけるか、あるいはフライパンで軽く炒め合わせて出すだけです。麺は店内でゆでますが、あらかじめゆで置きしている店も多く、そういう店では麺が完全にのび切っています。

ほかに定食屋、居酒屋、洋食屋、カレー屋ももちろん開けます［図表★10］。

仕入れ品が店舗に運ばれてくるまで

業務用仕入れ品は一括調理で、しかも誰の口にも合うよう味付けをする必要があり、さらには日持ちもよくなければなりません。

このため味付けは、家庭料理やレストランの料理より濃くなる傾向があります。とくに多用されるのが砂糖と油です。だからよく店で出てくる小鉢の切り干し大根などは、どこも味が濃くて甘いのです。もちろん「保存料」などの添加物も多く使われます。

加工工場は国内の場合もあれば、海外の場合もあります。

海外の場合は、海外ですべて冷凍してコンテナ船で運ばれてきます。

「台風で船が止まってしまった」

「輸入時の検査で、日本では使用禁止の農薬や添加物（抗菌剤など）が検出されて使用できない」

などのトラブルはよくあることです。

国内工場で加工する場合も、原料は前述のとおり、「国産」を謳っているところでない限り、ほとんどが輸入品と考えていいと思います。フライものはパン粉までついたものを輸入するのが普通です。

野菜は、前述したように中国産が多いものです。

生野菜は輸入されたものを工場で洗浄してカットします。冷凍品も多くあります。最近は冷凍技術も進み、冷凍野菜もかなり品質が向上しています。このほか、漬物、きんぴらなどの小鉢ものに使われる野菜もほとんどが中国産です。

また鶏肉加工品、水産物加工品、エビ加工品などもほとんど輸入です。

「おいしい仕入れ品」も存在する

私は何も「仕入れ品がすべていけない、おいしくない」といっているわけではありません。なかには、下手なアルバイトなどがつくるより、よほどおいしいものもあります。

たとえば最近、「業務用炭火焼きの焼き鳥」というのがヒットしています。

これは生の鶏肉を串に刺して、本当に炭火の上で1本1本焼くのです。そして焼き終わったあとに冷凍します。

従来の冷凍焼き鳥は、冷凍鶏肉を使うのが主流でした。これをいったん解凍してタレをつけて焼き、再度冷凍するのです。こうすると肉のうまみが逃げて、パサパサになってしまうのです。

それに比べると、いまの炭火焼きの焼き鳥ははるかにおいしい。

それから真空調理（真空パックして加熱すること）されたものは、素材の風味やうまみを逃がさないのでおいしいのです。

ビーフシチューなど、牛肉もやわらかくて非常においしいものができます。

サバの味噌煮なども、この方法です。セントラルキッチンで調理したものが納品されますが、十分おいしく食べられます。

また、素材でも中国産のサトイモなどは皮をむいて、すぐゆ

> おいしい仕入れ品があるのも事実。
> 「何のために使うのか」が大切。

でて、冷凍しているため、いい状態に保たれています。以前は、ゆでるまでの時間が長すぎてサトイモがガリガリしていることがありましたが、最近は技術が進み、おいしくなったと思います。

ファミレス、居酒屋大手チェーンでは全国どこでも一律の味を出すために、専用のセントラルキッチンをもっているわけです。専用工場からの供給だから、「カレーハウス CoCo壱番屋」のカレーは全国どこでも同じ味、同じおいしさが出せるのです。

手を抜きたいから使うのか、味の均一化のために使うのか

同じ仕入れ品でも、店が手抜きやコスト削減のために使うのか、それともチェーン店で味の均一化のために仕入れ品を採用しているのか、そこは区別して考えたほうがいいかもしれません。

たとえば激安チェーンで500円のランチに冷凍のアジフライを揚げたものが出てきても誰も怒りません。しかし、2000円のフライ定食を頼んでいるのに冷凍品が出てきたら、これは怒ります。

本来、その区分をしなければいけないはずなのに、最近は結構な高級店でも平気で仕入れ品を使うところがあるのです。

要は手を抜きたいから仕入れ品を使うのか、おいしさ、均一化のために仕入れ品を使うのか、その点が重要だということです。

仕入れ品を使うことで職人を雇う必要がなくなり、人件費を削減することができますが、その「安さ」と引き換えに、「職人の技」「手づくりの味」という部分はたしかに失われてしまいます。

これは「外食に何を求めるのか」という問題にもつながります。

安ければいいのか、それともそんなに安くなくてもいいから、本当においしいものを食べたいのか。そこを区別したほうがいいと思います。３００円で食べられる立ち食いそばに、職人の打つそばのクオリティを求める人は誰もいないわけですから。

職人技でしかできないこと

ただし私が残念だと思うのは、あまりにもチェーン化、セントラルキッチン化が進むことにより、外食の味が画一化され、職人技が見られなくなったことです。

お客さんはバカではない。食べつづけるうちに違いに気づく。

職人がひいた刺身は味が違うし、包丁で丁寧に仕込んだツマはそれだけでご馳走と呼べるほどおいしいものです。うどんだって、うどん職人が粉から練ってつくるのと、工場で「リン酸塩」を入れてコシを出した仕入れ品では大違いです。一見どちらにもコシはありますが、食べ比べればわかります。

ある店では長年職人が粉からうどんを打って出していたのに、あるときから仕入れの麺を使うことにしたそうです。添加物会社の営業マンが「これと同じぐらいのコシのある麺を必ずつくってくるから」と請け合ったそうです。

出来上がりを試食してみると本当にコシがあり、手打ちと大差ありません。常連客に出してみたところ、誰からも「味が変わったね」という指摘もなかったため、店で出すことにしたそうです。

ところが半年後、見事にその店は閑古鳥が鳴くようになったといいます。

1回、2回食べたぐらいではわからなくても、食べつづけるうちに違いがわかってくる。客はバカではないのです。

こうした合理化が進んだ結果、職人の働く場がどんどん失われていきました。

職人が心を込めてつくるおいしい料理を手放し、遠いアジアの知らない工場で無機質につくられる均一化された味の料理を選んでいるのが、いまの外食の姿なのです。

本当に加工を海外にまかせていいのか

日本国内には、いま失業者があふれかえっています。若者ばかりか、いままで働いていた中高年の働くところがなくなってきています。たとえあったとしても時給800円や900円のパート、アルバイトしかない状態になってきています。

仕入れ品はほとんど輸入品であり、加工も多くが海外で行われていると述べました。「安ければいい」という単純な理由であれば、たしかに中国や東南アジアで加工したほうがいいに決まっています。

しかし国内に失業者があふれているのに、わざわざ「雇用機会」を東南アジアに譲り渡しているという現状は、どこかおかしくはないでしょうか。

ジャガイモを蒸して揚げてコロッケをつくる、刺身の魚を3枚におろして引く、鶏肉を切って揚げる……すべて日本国内で行えばいいことではないでしょうか。そうすれば雇用機会は大きく増えるはずなのです。

さらに原料だって、できるだけ国産を使えば食料自給率アップにもつながります。輸入品を安いから便利だからと使っておいて、「食料自給率がこんなに低いのでは日本の将来は危ない」などと叫ぶのはおかしな話でしょう。

いまや30兆円産業といわれる外食産業。

そこには、日本を明るい未来へと牽引するだけの力があるはずです。

第4章

衝撃の覆面食べ歩きレポート

本当なら袋とじにしたい!

「食品業界を知り尽くした男」河岸が「裏側」の見抜き方を徹底解説！

本章は、冒頭の「衝撃の覆面食べ歩きレポート」の続編です。私が本書の編集者N君とともに、いくつかの外食店を食べ歩き、率直な感想をまとめました。店は大手ファミレスから個人店まで雑多に選択しています。

職業柄、「ニセモノ食品」や店の衛生管理の不行き届きなどに目が行きがちで、かなり辛口になりましたが、いまの外食店の実態をお伝えできるかと思います。

[ルポ&解説]

ラウンド 2

洋食屋【都内某店】真っ黒でベトベトの油で揚げた肉とすっぱいご飯

【注文したもの】トンカツ定食/ステーキ定食

敏感な人なら下痢するくらいのひどい油 ——1～2カ月は平気で取り替えていない!?

──ここは僕がランチによく行く洋食屋です。トンカツ定食とかステーキ定食が600円から800円で食べられるんですよ。安くてボリュームもあって、薄給サラリーマンの強い味方ですね。（自慢げに）味も結構おいしいですよ。

──……どうしたんですか？ すごい変な顔して。

河岸 店の前で気がつかなかった？ 油の臭いがすごいよ。

河岸 そりゃ、洋食屋なんだから、多少は油の臭いはするでしょう。

──この臭いは油の酸化した臭いだよ。それもハンパじゃない酸化。この店は、揚げ物を揚げるフライヤーの油を1カ月、2カ月は平気で取り替えていない。下手したら、半年ぐらいは取り替えていない。ずっと注ぎ足しているんじゃないかな。もちろん掃除もしてなくて、真っ黒だよ、きっと。

河岸 ええ〜！

──フライヤーって中に電熱器が入っているんだけど、そこにカスがたまり切っているんじゃないかな。これだけ酸化した油で

河岸

この臭いは油の酸化した臭いだよ。敏感な人なら下痢するレベルだね。

揚げたものを食べたら、少し敏感な人なら下痢するよ。ほら、厨房がここからのぞけるけど、壁も調理台も真っ黒でしょう。それと油の臭いだけでなく、ドブの臭いもする。

――ドブですか⁉　なぜそんな臭いがするんですか？

河岸　厨房の床に排水溝があるでしょう。それを掃除しないと、こういう臭いになる。本来は、羽目板をはずして定期的に洗わなきゃいけないのに。ここは羽目板の上に、段ボールやら荷物やらが置いてあって、どう見てもはずして洗っている様子がないよね。

――言われてみれば、テーブルも油でベトベトしていますね。

河岸　こういう汚い店でおいしいものが出てくるわけがない。しかし、食べる前から散々なことをいって我々もいやな客だね（笑）。

――それ以前に厨房をのぞき込んでコソコソして、かなりあやしいですよ（笑）。

成型肉のステーキ、おとといのご飯、パサパサに乾いたキャベツ

――来ましたよ。ステーキ定食とトンカツ定食。

河岸 トンカツの衣をはがしてみて。繊維の入り方がここから変わっている。肉がポロポロとれるでしょう。

――ああ〜、ホントだ。成型肉って実際に見ると、かなりのインパクトですね。いままでこれを食べていたんだ……。ショックだなあ。

河岸 この衣もすごいよね。パン粉が水っぽくてヘナヘナしている。臭いもおかしい。悪い油で揚げている証拠。こういうのを食べると下痢をしないまでも、あとから胸焼けがひどいよ。

――ステーキのほうはどうですか？

河岸 これも成型肉だね。繊維のくっつき方が変でしょ。それから、ここはご飯がおかしい。

――おかしいって？ 僕には普通に食べられますが……？

河岸 これはたぶん昨日炊いた古いご飯だね。下手をすれば、おとといの可能性もある。ご飯が乾いているし、少しすっぱくなっている。残ったものをジャーで保温しておいて、次の日に出しているんだ。そうでなけ

トンカツは衣をはがしてみて。肉がポロポロとれるのは成型肉。

れば、こんなふうにはならない。外食店でもそんなことをするんですか。

たぶん昨日炊いた古いご飯だね。下手すれば、おとといの可能性も。

河岸 普通はまあ、その日炊いたものを出すけど、「ご飯はその日の炊きたてでなければならない」という法律はどこにもないからね。店主のモラルの問題。この付け合わせのキャベツの千切りも、いつ切ったかわからない。パサパサに乾いちゃっているよね。

―― お客さんが入っていない理由がわかりました。もう二度と来たくない店ですね！

河岸 常連だっていってたじゃない（笑）。

（食べ終わった感想）油の管理ができない店にうまい店なし

この店の致命的な点は、油の管理ができていないことです。

飲食店においては、油の管理が非常に重要です。油を上手に管理できている店はおいしいものを出せるし、逆に油の管理ができない店がおいしいものを出せるわけがありません。

また油の管理ができていないということは、ゴキブリを招く要因にもなりますし、酸化した油は何より体に悪い。よく外食したあと下痢をするという話を聞きますが、あれはほとんどが油が原因だと考えていいと思います。

この店は、実際にフライヤーまでのぞき込んだわけではありませんが、あれだけ油の臭いがひどいということは、酸化が相当進んでいるはずです。たぶんフライヤーの底にパン粉や衣がたまっていて、油自体も真っ黒でしょう。

家庭で揚げ物をした油をとっておくと酸化してよくないといいますが、そのレベルではない。それほどひどい状態だと思われます。

だから、天ぷらやトンカツなど油を扱う店を選ぶ際は注意が必要です。

では、どうしたら見分けることができるか。

これはもう簡単です。臭いでわかります。「見分ける」というより「かぎ分ける」といったほうがいいかもしれません。

厨房から漂ってくる油の臭いが、何ともいえないイヤな臭いだったら、その店は避けたほうがいい。注意をしていれば、必ずわかるはずです。

［ルポ&解説］

ラウンド

3

某大手イタリアン・チェーン店 水で2割薄めた味のチーズ、ホワイトソース

［注文したもの］
スパゲッティ（ペペロンチーノ）／ドリア／チョコレートケーキ

スパゲッティは1時間以上前にゆでて、油をかけておく

――ここはファミレスの中でも勝ち組といわれているところです。なんといっても安いのが魅力ですよね。最初はペペロンチーノからいきましょう。

河岸　まったくスパゲッティの味がしないね。小麦粉の素材がよくない。

――それにしても運んでくるのが早いですよね。注文して10分も経たずに出てきましたよ。

河岸　それは注文が入ってからゆでるんじゃなくて、あらかじめゆで置きをしているから。

――この麺はゆでてから、どのぐらい経っているんですか？　1時間以上？

河岸　もっと経っている。ゆでてからすぐ油をかけておくと、麺同士がくっつかないから。

人気ナンバー1のドリアの正体は？

――このドリアはこの店のナンバー1人気ですね。

河岸 全体が水っぽい。

――安いんだから、少々のことは見逃してくださいよ（笑）。

河岸 このドリアは、チーズとホワイトソースがひどいね。チーズの味がまったくしない、チーズのうまみも風味も何もないでしょ。

――水でかさ増ししたチーズフードを使っているということですか？

河岸 断言はできないけど、チーズに水が2割は入っている味だね。こんなのをイタリア人が食べたら怒り出すよ。

――そう思って味わって食べると、たしかに水っぽくてチーズの味はあまりしませんね。

河岸 本物のチーズを砕いて「リン酸塩」と水を入れて、回して固めるんだ。2～3割水が入るから、その分、チーズのカサは増える。

このドリアのチーズはひどいね。イタリア人が食べたら、怒り出すよ。

――そんな手間をかけても、2割、3割増やしたほうが儲かるんですか。

河岸 そう。大量生産だから2割、3割というのは大きい。前に一度、外食業界の人に「なぜこんなことするの?」と聞いたことがあるの。そしたら、「日本人はチーズ臭いのが嫌いだから」「生チーズは乳酸菌が多いから」「腐るのを止めるために熱をかける」とかいろいろ理由を並べていたけど、本音は水で薄めたいの。薄めて増やしたいだけ。

――なるほど……。

河岸 それから、このホワイトソースもおかしい。ホワイトソースの基本は小麦粉とバターでしょう。よほど水でのばさなかったら、こんなに水っぽい味にはならない。よくこれでメニューに「じっくり仕上げた本格ホワイトソース」なんて堂々と書けるね。「あっさりしている」ともいえますよ(笑)。

――若い人にとっては、こういうのがおいしいのかな。

河岸 実際にここは流行っていますものね。このドリアだって、ただ安いというだけでここまで人気が出ますかね。

河岸 いまの若い人は本物のチーズを使ったら、逆に「おいしくない」というのかもね。これはこれで若い人の舌には合っているのかもしれないけど……。

（食べ終わった感想）安いのは結構だが、メニューの「誇張表現」がひどすぎる

ファミレス界の中では「ひとり勝ち」と呼ばれているチェーン店です。

急成長の秘密は安さにあります。設備投資と人件費を最低限に抑えているからです。設備投資は、つぶれた店を「居抜き」で買ったり借りたりして安くしています。人件費は、厨房を1人で3役、4役できる設計にして、調理人の数が極端に少なくて済むようにしています。

安いのは結構ですが、メニューを見ると、「本格パスタ」「じっくり仕上げた本格ホワイトソース」「秘伝のホワイトソース仕立て」などと、さも本物の食材、高い食材を使っているように書いてあります。これは「誇張表現」そのもの。

「安いからそれなりの材料を使っている」ということなら、それでいいのです。それを「安いけど本物の高い食材を使っている」とお客さんに錯覚させるような表現をメニューに散りばめるのは、店として不誠実な態度だと私は思います。

法律違反ではありませんが、よく誇らしげにメニューに書くものだ、「本格」「秘伝」の定義を聞いてみたいものだ……というのが私の正直な感想です。

ラウンド 4

某大手コーヒーショップ・チェーン店 衰退するのも当然の店

[注文したもの]
コーヒー/ワッフル

素人がいれたコーヒーより、まずいものを売る店

――ちょっとコーヒーでも飲んでブレイクしましょう。ここは全国展開のチェーン店です。

河岸 こういうチェーンは、店によって差が結構大きいんだ。この店のコーヒーは全然ダメだね。薄くてコクもないし。

――そういえばそうですね。僕もこのチェーン店はよく利用しますが、ほかの店はもっとおいしいですよ。なぜ店によって差が出るんですか?

河岸 まずね、豆が悪い。

――安い豆ということですか? 古いとか酸化しているということですか?

河岸　豆も安いのを使っているし、豆のブレンドも悪い。つくり置きだから酸化もしている。

――たしかに、つくり置きのコーヒーをカップに注いでおしまいですね。

河岸　それに、コーヒーマシンの調整も悪い。豆をコーヒーマシンの中で砕くんだけど、その砕く大きさと、それを蒸らすまでの時間と、抽出までの時間、この機械の調整とかバランスがこの店はうまくいっていないの。豆をひいて、お湯で膨らませて、それからお湯を通すんだけど、そのスピードが速すぎる。

――僕はスーパーでレギュラーコーヒーの粉を買ってきて、自分でいれるんですけど、それよりおいしくないかも（笑）。

河岸　スーパーのものは、ひいたあと酸素が入らないようにパックしているから鮮度は落ちない。それよりもおいしくないというのだから、もともとの豆が悪いか、砕き方が悪いか、蒸らし方が悪いか。いずれにしてもコーヒーマシンの調整をきちんとしていない証拠。

――素人がいれたものよりもまずいものを売るのは困りますよね。

豆の扱いとコーヒーマシンの調整で同じチェーン店でも、味は変わる。

スーパーで買うものよりも、もっと安い豆＋コーヒーマシンの調整が悪い

——この豆は僕たちがスーパーで買うものよりも、さらに安い豆ですか？

河岸 そう。このチェーン店は海外にコーヒー豆のための「専用農場」をもっているというんだけど、何のための専用農場かということなんだ。おいしい豆をつくるための専用農場なのか、安いものをつくるための専用農場なのか。このコーヒーを飲むと、おいしいものをつくるための豆をつくっているのではない気がする。ここも昔はもう少しおいしかったんだけど……。

——店によってもバラツキがあるのは困りますよね。

河岸 本来、チェーン店というのは店舗ごとに味が違ってはいけない。まずければ日本中でまずくなければいけないし、おいしければ日本中でおいしくないといけない。

——ここは新興勢力に押されていますよね。最近人気のある外資系チェーン店のほうがおいしいです。あちらはやっぱり、ここよりいい豆を使っているんですか？

河岸 あちらはもう少し豆がいいよね。ただ安い豆でも、きちんとひいて、きちんと蒸らして、きちんと落とせば、もっとコーヒーの味は違う。やっぱりコーヒーマシンの調整

の問題だと思う。

レジ横には「植物性タンパク」でカサ増ししたワッフル

――ちょっと甘いものをと思ってワッフルを買ってきたんですが、これはどうですか。レジ横に置いてあったのがおいしそうで。

河岸 ん？　この表示を見て。原材料に「植物性タンパク」と書いてあるでしょう。

――ホントだ。どうしてそんなものを入れるんですか。

河岸 肉と同じ仕組み。「植物性タンパク」を入れたら水をいっぱい含むから膨らむの。そうしたらカサ増しできて安くつくでしょう。でも「植物性タンパク」を入れると味が落ちるから、「香料」でごまかしている。ワッフルの種類によっては「着色料」も使っているね。

――そんな話を聞きながら食べても、ちっともおいしくないんですけど（泣）。

本来、チェーン店というのは、店舗ごとに味が違ってはいけない。

食べ終わった感想　コーヒーの味とフードの味は比例する

ここはアメリカからやって来たチェーン店に押されて売り上げが落ちているところです。そうなってしまうのもうなずけます。

コーヒーがおいしくないという致命的な問題があるうえに、「カサ増しワッフル」を平気で売っているような会社ということです。

普通につくれば、ワッフルに「植物性タンパク」が入るわけがないのです。本来、小麦粉と卵と砂糖でつくるお菓子に、なぜ「植物性タンパク」や添加物を入れる必要があるのか。要するに安ければいいのです。

ほかのチェーンのワッフルは、こんなおかしなことをしていません。食感もふわっとサクサクしています。ところがここのワッフルは変な細工をしているから、ぐにょっとしている。おいしいもの、本物を出そうとしている会社か、仕入れ品を安く買おうとしている会社か。会社としての姿勢が、ワッフルひとつにも表れているということです。

お客さんはバカではありません。その結果がこのチェーン店の衰退です。

［ルポ&解説］

ラウンド 5

某大手定食チェーン店 当たり前のことをきちんとやればおいしい

［注文したもの］
ホッケ定食／トンカツ定食／手づくり豆腐

辛口河岸も、自家製豆腐は絶賛！

――ここはチェーンの定食屋ですよね。和食の定食がリーズナブルな料金で食べられるし、栄養バランスもいいので、薄給サラリーマンにとってはありがたい店です。

河岸 最近は女性客も多いよね。

――まず豆腐から。毎日店内で手づくりしているとメニューにありますが、そんな凝ったものを出すなんてすごいですね。

河岸 豆乳ににがりを入れて専用の調理器具で調理するんだ。そんなに難しいものではないけど、手づくりのものを出すという心意気がいいよね。

—— うん、おいしいです！　なめらかで、豆の風味があって。

河岸 豆腐のおいしさの決め手は鮮度なんだ。つくりたてはやっぱりおいしい。店でつくるっていうのは、できたてを提供するためなんだね。あと、この豆腐にかかっている削り節は店内で鰹節から削っているし、ネギも店で切っている。

—— 削り節やネギは仕入れでまかなっている店が多いということですね。

河岸 削り節はもちろんだけど、ネギもカットしたのがパックされて安く仕入れることができるからね。でもそういうのは、店で切ったものとは風味が全然違う。

✹ この店は「手づくりのものを出す」という心意気が伝わってくるね。

焼き魚のホッケがおいしい理由――焼き方から器まで

—— ホッケの定食が来ましたよ。

河岸 ここは器がいいね。どっしり重くて、しっかりしたものを使っている。いまのファミレスやチェーンの居酒屋は軽くて割れない、安っぽいのを使っているでしょ。それと比べると、見た目の高級感が全然違う。

――ホントですね。味はどうですか？

河岸 このホッケはとても上手に焼けている。ちゃんと電気のグリルがあるのだと思う。下に水を張っておいて、上下を電気で焼く。焼き魚はやっぱり遠赤外線でじっくり焼くとおいしい。だから、骨も食べられるし、皮も食べられる。

――店内にきちんと魚焼き器があるわけですね。

河岸 冷凍で来て、凍った状態でそのまま焼いていると思うけど、加工してから焼くまでの温度管理がきちんとしている。でなければ、こんなにきちんとしたものは出てこない。

――本当ですね。チェーンの居酒屋の焼き魚なんかより、はるかにおいしいですね。

河岸 魚は焼くと縮むでしょう。だから歩留まりをよくするためには、なるべく縮まないほうがいい。そのために「リン酸塩」を使うところもある。でも、その分、ハンバーグと同じで味が薄くなるから、「化学調味料」などの調味料や食品添加物でごまかすの。

――えっ、魚の開きに添加物なんか

ここはチェーン店なのに器がいいね。しっかりしたものを使っている。

使われているんですか？

河岸 安い居酒屋に行ってホッケを頼むと、そういうのが出てくることもあるよ。なかには食えないのもあるぐらい。「リン酸塩」や「グルソー（グルタミン酸ソーダ）」の味が口の中に残るからわかるんだよね。でも、ここのものには使われていないね。

トンカツがおいしい理由――肉は切りたて＋厨房で生パン粉をつけている

――トンカツはどうですか？

河岸 いいね。この肉はもちろん成型肉ではないし、冷凍ものではない。

――どうしてわかるんですか？

河岸 パサつきがない。一回凍らせると繊維の中が壊れるからパサつくけど、これはしっかりしている。凍結していない証拠。

――でも普通の人には、そんなことはわからないですね。

河岸 いや、冷凍肉を使ったトンカツと食べ比べればわかるよ。食感が違うから。豚肉は凍らせると、筋繊維に氷ができてそれが大きくなって、最後に切れてしまう。すると、中の水分が失われて、パサパサした食感になってしまう。凍らせていない肉は、中のおいしさが残っているから、食べたときにジュワッと来る。食べたらわかるはず。

――**河岸** このトンカツは、ホントに単純においしいですよ。

しかも、スライス肉を仕入れずに、この店でかたまりから切っている。

――**河岸** 肉は切りたてが一番おいしいんですよね。この辺のことは前作『スーパーの裏側』も参照してくださいね（笑）。

――**河岸** それから、ここの厨房で生パン粉をきちんとつけているね。

なぜそんなことまでわかるんですか？

――**河岸** ちゃんとパン粉の角が立っているでしょう。工場であらかじめパン粉をつけてから運んできたなら、途中で肉の角の部分のパン粉がとれてしまう。

だからおいしいんですね。

――**河岸** 特別なことをしているわけじゃないけど、ポイントをずらしてないんだよね。肉だったら、切って、すぐパン粉をつけて揚げ

肉は切りたてが一番おいしい。だから、いい店は厨房で、かたまりから切る。

るというのが一番おいしいわけで、そこをきちんとやっている。「着色料」で染めたカラーパン粉を二重につけた衣のぶ厚い冷凍トンカツを仕入れている店とは違うよね。

惜しむらくはご飯、小鉢、漬物

――ずいぶん評価が高いですね。悪いところはないですか？

河岸 ご飯、ひじきの煮物、切り干し大根、漬物が残念。

――なぜですか？

河岸 ご飯はパサパサしている。店で炊いたんだろうけど、たぶん昨日の残り。ひじきの煮物、切り干し大根、漬物は仕入れ品。とくに漬物は「化学調味料」でベタベタしているね。

――このひじきや切り干し大根も、東南アジアでつくっているんですか？

河岸 それはわからない。たぶん国内でつくって常温で運んできていると思う。しかし、メインの食材はこれだけいいものを出しておきながら、仕入れ品の小鉢や、後味に「化学調味料」が残る漬物をなぜ出すんだろう……。もったいないよね。

（食べ終わった感想）

全国チェーンでもここまでできる！値段以上のものを出す店

和食の定食が600～1000円ほどで食べられて、しかも「手づくりの味を大切にする」という謳い文句にたがわず、厨房できちんとつくっていました。

魚もこの店で焼いているし、トンカツもこの店で肉を切ってパン粉をつけて揚げています。それから手づくり豆腐も非常においしい。

やるべきことをきちんとやっているからおいしいし、だからこれだけ人気が出たのだと思います。味も「化学調味料」に頼っていません。

また重たいきちんとした食器を使っているのも立派なことです。

小鉢とご飯は惜しい。メインがいい分、ここは手抜きをしないでほしかった。この値段では無理なのかもしれませんが、知恵と手間を惜しまなければ可能なはず。

もうひとつ、この店はいつも賑わっているせいか、ホールの人が足りていない、サービスが行き届いていない印象を受けます。「注文をしたいのに気づいてくれない」「店に入ったときや会計をするときに、なかなか来てくれない」という声を私のまわりでもよく耳にします。

これはアルバイトの質が悪いというより、純粋に人が足りていないからだと思います。料理がいいだけにサービス面を改善すれば、この店はさらに伸びるはずです。

この店は、きちんと手づくりして、お客さんにおいしいものを出そうという姿勢が確実に伝わってきました。その意味では、いまどき貴重な店だと思います。

逆の言い方をすれば、ほかのファミレスがひどすぎるともいえます。

[ルポ&解説]

ラウンド 6

某居酒屋チェーン店 ほとんどがニセモノ食材のひどい店

[注文したもの]
お通し(チクワとインゲンの煮物)／マグロの刺身／ハンバーグ／コロッケ／トンカツ／おしんこ／マグロのたたき丼

マグロのたたきは植物性油＋添加物たっぷり

――ここはオフィス街の真ん中にあって、しかも安いから結構人気があるんですよ。夜は居酒屋で、昼はランチも出しています。

河岸 テーブルがベタベタ。醤油差しの下は輪ジミができている。まったく衛生管理ができていないね。こういう店で出てくるものがおいしいわけがない。

――まあまあ、そんなにいきなり結論を出さずに（笑）。マグロのたたき丼からいただきましょう。

河岸 このマグロのたたきは、植物性油を大量に入れている。マグロのたたきというのは、本来マグロが100％でなければいけないのに。

――結構前にネギトロの表示違反問題ってありましたよね。赤身に油を混ぜて「ネギトロ」だといって販売していた話。

河岸 実態は変わっていないと思う、表示指導があっただけで。ここのものは間違いなく植物性油を入れて増量したマグロのたたきだね。だからこれもニセモノ商品。

――添加物は使われていますか？

河岸 ごそっと入っている。「pH調整剤」に「酸化防止剤」……。これは間違いなく仕入れ品だね【図表★11】。

──単品で頼んだこっちの刺身はどうですか？

河岸　刺身は角を見るとわかるの。これは角が立っていなくて、なんだか丸っこくなっているでしょう。いつ切ったかわからないね。半日以上経っているかもしれない。

──切り置きしているわけですね。

河岸　刺身は切りたてが一番おいしくて、時間とともにドリップと一緒にうまみが流れ出てしまうのだけど、これはもううまみが全部抜けているね。

刺身は角を見るとわかる。角が丸かったら時間が経っている証拠。

[図表★11] マグロのたたきの正体

名称	まぐろ加工品
原材料名	マグロ（ビンチョウ（日本産））、キハダ（日本産）、植物油脂、みりん、醤油、魚油、加工でんぷん、pH調整剤、調味料（有機酸等）、酒精、トレハロース、着色料（コチニール、紅麹）、増粘多糖類、酸化防止剤（V.C、V.E）、（原材料の一部に小麦を含む）

※メーカーによって若干の違いはあります。

→ **マグロのたたきの正体は植物性油＋添加物たっぷり。**

ほとんどすべてが仕入れ品。ランチは夜の残り物を片付けるためにやっている!?

――トンカツ、ハンバーグはどうですか?

河岸 このカツも仕入れ品で、成型肉だね。この食感からすれば、何の肉を使っているかわからない。ハンバーグも仕入れ品だね。「リン酸塩」「植物性タンパク」入り。それもめいっぱい混ぜている。ここまできたらファミレス(本書の冒頭の店)と同じで「植タン(植物性タンパク)ハンバーグ」と書かなければまずいでしょう。

――ずいぶん入っていますね……。付け合わせのベークドポテトとブロッコリーは?

河岸 ポテトはあらかじめゆでたのが配送されて、それにバターをかけてオーブンで焼くだけ。ブロッコリーも冷凍の仕入れ品。それを店で炒めて出す。ジャガイモは国産、ブロッコリーはアメリカからの輸入品。

――なぜブロッコリーだけアメリカからの輸入品とわかるんですか?

河岸 ジャガイモは国内でいっぱいとれる。ブロッコリーは国産はこんなに花が大きくないし、いまは国内ではとれない。いまの時期に入ってくるのはアメリカ産だけ。

――コロッケは?

河岸　これも仕入れ品。付け合わせのキャベツはおそらく昨日切ったもの。ついでにご飯も昨日炊いたもの。お通しも仕入れ品。もちろんおしんこも仕入れ品。ほとんどを仕入れ品でまかなっている感じだね。味噌汁も仕入れ品。ここでつくっていない。

夜の残り物を片付けるために昼のランチをやってるんじゃない？

——　そういえばキャベツはパサパサですね。ご飯もおいしくないかな。

河岸　昨日炊いたご飯と切ったキャベツを翌日のランチに出しているの。ランチは下手をすれば、夜の残り物を片付けるためにやっているのかもしれないね。

——　ひどいもんですね。結構人気のある店なのになあ。

（食べ終わった感想）「おいしくない」というより「まずい」レベル

夜は居酒屋でランチも出している店です。大規模ではないものの、2~3店のチェーン展開をしているようです。

しかし食べてみて驚きましたが、「ほとんどがニセモノ食材、まがいもの食材」といってもいいほど、ひどいものを出しています。「おいしくない」というより「まずい」レベルです。

この店は都心で便利で、店内が広くてゆっくりできて、ランチは1000円でコーヒーもついているというメリットは、たしかにあるとは思います。

しかし、それもこの場所だからこそ商売になるのであって、都内でももう少し不便な場所や地方なら誰も見向きもしないと思います。料理に魅力がまったくない。いまはなんとかなっていても、5年、10年先までこの店があるか非常に疑問です。

そういう意味では都心のサラリーマンはかわいそうです。1000円出しても、その半分は場所代だったりします。同じ1000円でも地方に行けば、地魚を使ったおいしい刺身定食や焼き魚定食が食べられますから。

「こんなものか」とあきらめてしまっている人も多いのかもしれません。

（編集注・この取材の数カ月後に、この店は閉店してしまいました）

[ルポ&解説]

ラウンド 7

老舗ビアホール【都内某店】安心して食べられる職人がいる店

[注文したもの]
ソーセージの盛り合わせ/串カツ/川エビの唐揚げ/コロッケ/ピザ/おしんこの盛り合わせ/マグロの刺身/ミックスサンド

たまねぎのシャキシャキ具合をチェック

——ここは老舗のビアホールですね。明治創業のここ一店舗だけのお店です。

河岸 ここはいい。ここのものはうまいよ。

——どうして入るなりわかるんですか?

河岸 私の野生のカン(笑)。店の雰囲気でわかる。この店は決して新しくはないけど、きれいに掃除が行き届いているしね。

——では、その野生のカンとやらを試します(笑)。まずソーセージの盛り合わせから。

河岸 これはうまいよ。「植物性タンパク」の打ち込みをしていないし。

――たしかにおいしいですね。どうしてわかるんですか？

河岸　食べ比べれば、誰にでもわかると思うよ。全然味が違う。

――次は串カツ。これはいままでの例から考えると仕入れの冷凍品では……？　成型肉という可能性もありますね。

河岸　いや、ここのは自分で肉を切って、たまねぎと一緒に串に刺してつくっている。たまねぎがシャキシャキしているから。冷凍品ではこんなにたまねぎがシャキシャキせず、もっとネチョッとしてしまう。肉もいいのを使っている。冷凍ものではなく、生から揚げている。もちろん成型肉なんかじゃないね。

――なるほど、たまねぎのシャキシャキ具合をチェックするのですね。

河岸　付け合わせのキャベツの千切りもおいしい。これは必要以上に水にさらしていない。何回も水にさらしたり、「次亜塩素酸ソーダ」の液で消毒したりすると、味も栄養も抜け落ちておいしくないけど、これはそれをしていないからおいしいね。

この店は決して新しくはないけど、
きれいに掃除が行き届いているね。

大半は厨房で手づくり。仕入れ品もきちんとこだわったものを使用

――コロッケは？　これは冷凍では⁉

河岸　これも、ちゃんとここの厨房でジャガイモをゆでて素材からつくっているよ。冷凍の食感じゃない。それと油がいいね。川エビも上手に揚がっている。酸化した油で揚げると変な臭いがするけど、これは臭わない。きれいな油を使っている。

――このおしんこは？

河岸　「化学調味料」のベタベタなやつじゃないね。ここで漬けているのか、仕入れ品なのかわからないけど、仕入れ品にしても、きちんとこだわっていいものを入れている。

――刺身はどうですか？

河岸　角がピンと立っているでしょう。切り置きをしていない証拠。切りたてだね。

――ピザはさすがに仕入れ品では……？

河岸　生地は仕入れかもしれないけど、冷凍品じゃない。ちゃんと生のものを仕入れて、ここで具材をのせてオーブンで焼いている。このあいだのファミレスのものとは、生地が全然違うでしょう。あっちのは完全な冷凍品。

――本当に何を頼んでも、すべておいしいですね。

河岸 あと、ここは生ビールがおいしい。

――ああ、たしかに。生ビールって、店によっておいしいところと、イマイチのところがありますよね？ あれはなぜですか？ 入れているものが違うとか？

河岸 あれはビールサーバーをきちんと洗浄しているかどうかの違い。洗浄されていないと雑味が出てまずくなる。毎日洗浄してればちゃんとおいしい。それからこの店は仕入れが樽で運ぶんじゃなくて、毎日メーカーからタンクローリーで運んでいると思う。

――ビールの樽ってよく飲食店で見かけるステンレスのやつですよね。タンクローリーで運ぶのと樽で運ぶのでは何か違うんですか？

河岸 ビールは、つくりたてが一番おいしいの。それから揺らすと味が落ちる。メーカーから直接ローリーで運ぶのと、メーカーから問屋を通して樽でお店まで運ぶのでは、「揺られ方」が全然違う。荷下ろしの回数も違うでしょう。

――なるほど、だから地ビールっておいしいんだ。あ、そういえば

ビールは、つくりたてが一番おいしい。揺らすだけで、味が落ちる。

――海外で飲む日本の缶ビールが妙においしくないのもそれですか？

河岸　そのとおり。かわいいお酒は旅をさせちゃダメなんです。

（食べ終わった感想）生ビールがうまい店は、総じて食べ物もうまい

ここはきちんと職人がいる店でした。すべて素材からきちんとつくっているし、仕入れ品を使うにしても、職人が自分の目でいいものを選んで仕入れているのがうかがわれます。

当然といえば当然のことですが、いままで食べ歩いたファミレスやチェーン店の実態がひどすぎただけに、この店はひときわ光っていました。

こうやって変なものを混ぜたりしないで、きちんとつくればおいしいし、店も流行るのです。だからこの店は常連客も多く、平日だったのにかなり混んでいました。

それからビアホールだけに、ちゃんと生ビールにもこだわっています。

こういう店で食べたいものです。「外食店の鏡」といっていい店だと思います。

ラウンド
8

ベジレストラン【都内某店】
TPPで日本の農業が生き残るための唯一の方法

【注文したもの】
ランチビュッフェ

サラダバーが売りなら、容器を工夫してほしい

――この店は野菜が売りのレストランで、よくテレビや雑誌にも出ている店です。契約農家から仕入れるこだわり野菜のサラダバーが人気なんです。

河岸 たしかに、もう昼の2時近いのに、ほぼ満席だよ。

――それも女子率がすごく高いですね。というか、男2人組は僕たちだけ。ここだけ異空間です（汗）。

河岸 メニューはサラダバー、惣菜各種、ご飯、味噌汁、デザート、飲み物ですね。この生野菜を入れる容器は、なんでこんなショットグラスみたいなやつなの？　入れ

づらいし、少ししか入らない。

――さあ、オシャレってことじゃないですか？　でも底がすぼまっていて、たしかに入れづらい。

河岸　特別栽培の高い野菜だから、あまりたくさん一度にとられたら困るからですかね？　ケチくさい。客のことを考えてないよね。サラダバーが売りだというなら、もっと入れやすいボウル状の容器かなんかを出してほしいね。

> サラダバーが売りなら、入れやすい容器を出してほしいね。

野菜はおいしいのに、「おいしい食べ方」を伝えていない

――野菜の味はどうですか？　今日はチンゲンサイ、パプリカ、にんじん、きゅうり、ソルトリーフ、えのきだけ、大根、しょうが、プチトマト、キャベツ、赤かぶ、それと果物の梨、柿など。野菜は20種類ぐらい揃っていて、その日によって違うそうです。チンゲンサイ、えのきも生で食べるんですね。塩、ドレッシングも数種類あります。

河岸　うん、野菜は間違いなくおいしい。シャキシャキしていて鮮度もいい。野菜そのもの

がおいしいから、ドレッシングはいらない。とにかく野菜は鮮度が命。普段スーパーで買う野菜は、下手すれば収穫してから2〜3日経っていることもあるからね。

――鮮度はどこで見分ければいいですか？

河岸　野菜によっても違うけど、たとえばこのチンゲンサイなら、うぶ毛が立っている。あとサラダバーなら、キャベツやレタスなんかの葉物野菜がわかりやすい。古いのはシナッとしていたり、切り口が茶色くなったりしているから。

――きゅうりもシャキシャキでおいしいですね。

河岸　このきゅうりは切り方に工夫が欲しいね。ただタテに切ってスティックにしているけど、皮の部分に斜めに切り込みを入れるとドレッシングがよくからむんだ。

――そんなちょっとしたことで味が変わるんですね。

河岸　そう。大根も切り込みを入れて、木の幹から枝が出ているような形にするとドレッシングがからんでもっとおいしい。

この店はおいしい野菜を出しているのに、「野菜のおいしい食べ方」を伝えていないね。

> この店は野菜はおいしいのに、「おいしい食べ方」を伝えていないね。

惣菜はおいしい一方で、ご飯と味噌汁がまずい「ある理由」

――惣菜はどうですか? 鶏肉の煮込み、グラタン、スパゲッティ、焼き魚などですね。切り干し大根や漬物など定番の惣菜もあります。生卵がかごに山盛りに盛られていて、卵かけご飯も人気みたいですね。

河岸 惣菜はこの店できちんと手抜きせずにつくっていて、ちゃんとおいしい。鶏肉はいい肉だった。煮込みに使われていた厚揚げもおいしい。魚は鮮度がいまひとつかな。

――ご飯と味噌汁はどうでしたか?

河岸 このご飯はひどいね。おこげがあるから土鍋で炊いているんだろうけど、炊き方が下手すぎる。北海道のななつぼしを使っているというけど、本当はもっとおいしいよ。

――僕は卵かけご飯にしたから、ご飯の味はわからなかった……。

河岸 うがった見方をすれば、ご飯がまずいから、あえて卵ご飯をすすめているのかもね。

――味噌汁はどうでした?

河岸 味噌汁はだしもとってあって、厨房でつくっているから本来はおいしいはずなんだけど、角が立っていておいしくない。というのも、この店の最大の弱点は水なんだ。

——水？

河岸　水道水がまずい。最近は東京の水道水もおいしくなってきているから、たぶんこのビルの受水槽の問題だと思う。店側もそれがわかっているから、飲み水のピッチャーにレモンの輪切りを浮かべたりして工夫しているんだろうけど、そのぐらいではごまかせないぐらいまずい。その水でつくるから、味噌汁も味に角が立っている。

——水はたしかにおいしくなかった。味噌汁は普通においしかったけどな（笑）。

（食べ終わった感想）野菜の素材はいいので、食べ方の工夫が欲しい

人気レストランなのに辛口採点をしてしまいましたが、野菜は間違いなくおいしかったし、種類も多く魅力的でした。値段も決して安くないのに混んでいました。

じつは日本がＴＰＰで生き残る方法を、この店は教えてくれています。ＴＰＰに加入したら外国から安い野菜が大量に入ってくる。そうしたら日本の農業は危機に陥ります。

でもこのようにおいしい野菜、新鮮な野菜だったら、少々値段が高くてもみんな喜んで買うわけです。要は付加価値ということです。本当においしい野菜は日本でしかつくれないのです。外国から長時間かけて運んできたものはダメなのです。

最近、「産直所」「道の駅」が大人気ですが、あれも同じです。いつもスーパーでイマイチの鮮度の野菜を買っていた人が一回産直所で買ったら「野菜ってこんなにおいしかったのか」と驚きます。そうしたら少し遠くても、またリピートします。日本が生き残る道はこれしかないと思います。

[ルポ&解説]

ラウンド 9

某大手回転寿司チェーン店×2軒

急成長する店、凋落する店にはちゃんと理由がある

[注文したもの]
マグロ赤身/トロ/玉子/イカ/アナゴ/鉄火巻き/かっぱ巻き/ブリ

――回転寿司はA店、B店の2軒を回ります。どちらも全国チェーンでよく知られています。まずA店から。

河岸 しかしすごい人気だね。

――そうなんですよ、休日の食事時間なんて90分待ち120分待ちもざらです。首都圏に店舗が少ないこともあると思うんですが。

河岸 このチェーンは急成長して、数年前に売り上げトップになっているからね。

――回転寿司のよしあしを測るのに、いいネタってありますか？

河岸 イカがわかりやすいと思う。ここのイカにはきちんと表面に包丁を入れて食べやすくしてあるでしょ。こういう細部に、その店の姿勢や意気込みが表れる。そういうところまできちんとこだわっている店は、ネタの仕入れから扱い方まできちんとしているもの。だからおいしい。

――そういうのは職人さんがやるんですか？

河岸 いや、寿司職人を雇ったら1皿100円では出せない。アルバ

> 回転寿司のよしあしはイカを見る。店のこだわりは「細部」に宿る。

イトがやるんだけど、きちんと切り方を教えているんだね。
マグロはどうですか？

河岸　おいしい。きちんと切りたてを提供している。

――本当だ、切り口の角が立っていますね。

✹ マグロも切り口の角が立っている。この店は、切りたてを提供してるね。

シャリは温かいのが本来の寿司

――ん～？　シャリが生温かいですよ。こんなのダメじゃないですか。魚が腐ります。

河岸　いや、それでいいの。カウンター式の寿司屋で寿司職人が握るやつは、温かいシャリにネタをのせて出してくるでしょう。温かいシャリに新鮮なネタをのせて出すのが本来の寿司。それが一番おいしいから。

――回転寿司でない寿司屋なんて、最後に行ったのがいつか思い出せないです（遠い目）。

河岸　ここはシャリがおいしい。ちゃんとこの店舗で炊いている。それからネタもちゃんとこの店の厨房で処理している。つまりサクで仕入れて切って、あぶるものはあぶっている。炊きたて、切りたて、あぶりたてにこだわっているんだね。

――ほかのチェーンはどうなんですか？

河岸 たいていは、ネタはあらかじめ切ったものが各店舗に配送される。各店舗ではそれを寿司ロボットがつくったシャリの上にのせて提供するだけというのが多いんだ。店で切るのと切ったものをただのせて出すのでは、同じネタでも味が全然違う。

――回転寿司チェーンにも、いろいろ差があるんですね。

河岸 ここは社長さんが職人出身でしょう。だからどういう状態で提供するのがおいしいのかちゃんとわかっていて、それを手を抜くことなくきちんと実行しているんだね。

味の違いはネタの差ではない。ネタが切りたてか、シャリが炊きたてか

――次はB店ですね。こちらも有名チェーンですよ。あっ、でもA店より全然、空いていますね。

温かいシャリに新鮮なネタをのせて出すのが本来の寿司。

河岸　立地はこちらのほうがいいのに。（2、3個食べて）さっきの店に比べて、味がかなり劣るね。

——ホントですね。それは僕にもわかります。この店にだけ来たら「100円だからこんなものかな、そこそこおいしいかな」と思うかもしれませんが、こうやって食べ比べると歴然ですね。この違いは何ですか？

河岸　まずシャリがさっきの店と比べて断然おいしくない。炊いてから時間が経っている。これはこの店で炊いているのではなく、仕入れているんだと思う。それからネタも、さっきの店のほうが断然おいしかった。これはやはり切ったものを仕入れて、シャリにのせただけでしょう。

——ネタ自体はどうですか？　やっぱりA店のほうがいいネタを使っているんですか？

河岸　いや、同じ100円寿司なんだから、ネタ自体はそんなに変わらないと思う。米だって同じようなものでしょう。

——ネタやシャリ自体は、そんなに違わないいんですね。意外です。

同じ100円寿司なんだから、ネタ自体はそんなに変わらない。

河岸　同じレベルのネタやシャリでも、「本当においしいものをお客さんに提供しよう」という思いがあってやっているのか、あるいは「利益が出れば、ほかのことは切り捨ててもいい」と思ってやっているかの違い。その結果が店の繁盛ぶりに如実に表れているよね。

――本当ですね。同じ100円寿司ならA店に行きたいと思いますよね。

（食べ終わった感想）同じ100円寿司でも「ここまで違うのか」と驚き

多くの回転寿司チェーンが合理性を追求する中、A店は店内調理にこだわり、切る、揚げる、あぶる、ゆでるといった調理を店内で行っています。だからおいしい。同じ100円寿司でもそこが差別化となって、結果として人気が集まるわけです。

100円だから、そんなにものすごくいいネタが仕入れられるわけではないと思いますが、手抜きをせずにきちんとつくって出せばおいしい。先ほどの大手定食チェーン店と同じです。

もうひとつ、第1章でも述べた人材育成という面でも、A店とB店では姿勢が違います。

調理を行うのはパートやアルバイトですが、きちんと研修でやり方、切り方を教えています。そうするとその店で働いた人はそれが技術となって身について、ほかの店でも働けます。

ところが、すでに切ったネタを仕入れてシャリにのせて出すだけという店では、技術が何も身につかない。そうすると、その人たちはいつまで経ってもアルバイトのままです。失業率が深刻化している中、こうやってパート、アルバイトを育てれば、日本の就業構造にも寄与できます。

そういう部分でも、お客さんのことを考えられる会社と、そうでない会社は違いが出ます。A店とB店がこのままの経営方針を続けるのであれば、その差は広まるばかりではないでしょうか。

第5章

外食の達人が奥義を伝授！

いい店、おいしい店を見抜く極意

いい店、おいしい店を見抜くスキル――「まずはずさない」のが私の自慢

食についての仕事に30年近く携わり、これだけ外食店の裏も表も見てきた私には、いつのまにか外食店を「見抜く」眼力が備わってきたようです。

仕事柄、出張や遠くの場所に出向くことが多く、当然外食の機会は多いのですが、店選びで「まずはずすことがない」というのが私のひそかな自慢です。

知らない店に飛び込んで、「まずかった」「失敗した」「二度と来ない」ということがありませんか？

おいしくないと一食分、損をした気分になってしまうものです。食べることが大好きな私にとって、これは本当に痛恨の事態です。

外食するからには、払った分に見合う、おいしいものが食べたいというのは誰もが当然思うことでしょう。

基準となるのは「値段どおりのものが出てくるかどうか」という点です。

高い金を払えばおいしいものが出てくるのは当たり前です。私たちが求めているのはリーズナブルな料金で、おいしいものが出てくる店、払った金額に見合うか、でき

ればそれ以上の満足が得られる店です。

たとえば昼食が1000円の予算だった場合、地方の定食屋だったらご飯に味噌汁、刺身、揚げ物、煮物までついて、ちょっとしたご馳走のディナーに相当するぐらいのものが食べられます。

これが都心だったら1000円ではたいした期待はできません。逆に1000円でまあまあのものが食べられたらラッキーです。

夜、飲みに行くときの予算が5000円だったとしましょう。

都会では5000円の予算で生魚を刺身にして出してくれる店は多くありませんが、地方では5000円でもかなりいいお店が見つかります。大将がひとりで仕込んでやっているような店は、安くておいしいものが食べられます。

人は自分が払った値段以上のものが出たときに満足するものです。前章で紹介した定食チェーン店などは1000円でも1300円、1500円ぐらいの価値のあるものを出しています。

では、そういった店はどうすれば見定めることができるのか。

いい店、おいしい店を見抜く「スキル」を特別に伝授しましょう。

外観・内装編

チェックポイント 1 第一印象を大事にする
――客を迎える気持ちは自然に玄関まわりに表れる

店を選ぶにあたって第一印象というのは、じつに重要です。

その店の前に立ってみて感じるものを大切にしてください。基本は、その店にお客さんを迎える気持ちがあるかどうかということです。

お客さんを温かく迎える気持ちがある店であれば、自然にそれは玄関まわりに表れます。

のぞき込んでみたら店の中が薄暗い、

看板が壊れている、ドアにホコリが積もっている、入り口にビールケースやおしぼりの袋が無造作に投げ出されている、あるいはゴミ箱が置いてある……こんな店はお客さんを迎えるどころか、追い返そうとしているようなものです。たとえレストランガイドに載っている有名な店でも、回れ右をしたほうが得策です。

それから入り口にかかっているのれんの汚い店はダメです。汚いのれんで客を迎える店に、「おいしいものを食べてもらおう」「お客さんをもてなそう」という気持ちがあるとは思えません。

チェックポイント ❷

店内は清潔か

――「汚い店にうまいものなし」

のれんと同じことですが、「店の掃除に配慮していない店が食材に気を配れるはずがない」というのが私の持論です。

「汚い店にうまいものなし」です。

外見ではわからなくても、店内に入ってみると衛生状態の悪い店もあります。床がヌルヌルしている、テーブルがベタベタ、照明が暗い、蛍光灯が切れかかってパカパカと点滅している、コップに水垢《あか》がついていて汚いなどなど。それから客が食べ終わった食器をいつまでも片付けていない店はダメです。

「食べ歩きレポート」で回った店でも、入り口に客の食べたあとの食器が堂々と放置されているところがありました。

ほかにも、醤油が注ぎ口に固まって出てこない、醤油の受け皿に輪ジミができているなどもいただけません。

それから手洗い所がきちんと設置されていること。

風邪、インフルエンザ、ノロウイルスの予防に食事の前に手を洗って、うがいしましょうと国をあげていっていますが、きちんとした手洗い所のある店が非常に少ないのは疑問でなりません。昔のファミレスは、トイレの入り口に手を洗うところがありましたが、最近はありません。

テーブルがベタベタ…
コップには水垢…
ネチャネチャ
食べ終わった食器が放置…

またトイレが汚い店は論外です。

トイレは男女別であること、店内に音が聞こえないこと、きちんと掃除がされていること、ペーパータオルが整備されていること、手洗い洗剤があることも重要なポイントです。

それから個人経営の店で、犬や猫を店内で飼っているところがありますが、これは衛生上ＮＧです。

チェックポイント❸ 厨房と段ボールをのぞき見る
――その店が隠しておきたい「全貌」がわかる

可能であれば厨房をのぞき込んでみましょう。厨房はその店のすべてを物語ります。

まず厨房で働いている人が職人かアルバイトかをチェックしてみてください。職人かアルバイトかは、その人の雰囲気を見ればわかるものです。

見分けるのが難しいときは、厨房の中に素材（野菜、肉、魚）があるかどうかを見てください。

また段ボールも、大きなチェックポイントのひとつです。段ボールを見れば、その中に何が入っていたかがわかります。
「群馬産キャベツ」とあればキャベツを丸ごと仕入れたことになりますし、段ボールに「カット野菜」とあれば、カットしたキャベツを仕入れたことになります。「ひじき煮」などとあれば、ひじきの煮物の仕入れ品です。

　こういった段ボールやコンテナは、店の裏口に積まれていることもよくあるので、裏手に回ってみると、その店の「全貌」がわかります。

　裏口を回ったついでに、全体が不潔でないか、ゴミ箱が臭っていないかなど、厨房の衛生状態も観察してみてください。

チェックポイント④

店の臭いに注意する

――油の臭い、トイレの臭い

「食べ歩きレポート」では某ファミレスでトイレの悪臭、某洋食屋での油の臭いを指摘しましたが、臭いというのも重要なチェックポイントです。臭いから、その店のいろいろなことがわかります。

換気扇から流れてくる油の臭いが酸化していないかなど、チェックポイントはたくさんあります。

飲食店の厨房は水で床を洗い流せるように排水溝があって、その上に羽目板がのっています。

油の臭いがすごい!
冷蔵庫の脚が
羽目板にのっている!

某洋食屋でドブの臭いもすると指摘しましたが、それはこの排水溝の掃除をしていないからです。定期的に板をはずして排水溝の掃除をしないといけないのですが、残念ながらここを掃除していない店は結構あります。

この羽目板に冷蔵庫の脚がのっている店もあります。こうなると掃除どころではありません。ここは厨房で一番気を使わなければいけない場所です。ここが不潔だと、ゴキブリも出るしネズミも出ます。

いままでスルーしていたことでも改めて見渡してみれば、いろいろなことに気づくはずです。

チェックポイント 5

席やテーブル、内装を観察する
――テーブルの配置からBGM、胡蝶蘭まで

【外観・内装編】の最後として、店内の造り、インテリアも見てみてください。

ゆっくり食事をする店か、さっと食べ終わってすぐ出てくるファストフード系の店かによって造りは異なります。

ゆっくり話をして料理を楽しむ店で、長く座っているとお尻が痛くなるような椅子

を使っているところがあります。これは勘弁してほしいといいたくなります。さらに、話しているときに隣の席の声が聞こえてくるような配置は困ります。うるさすぎるＢＧＭ、雰囲気に合わないＢＧＭを流している店も結構多くて気になってしまいます。

内装でいえば最近、胡蝶蘭を飾っている店が目につきます。高級花ですが、胡蝶蘭は花粉の出る花。本来、飲食店には好ましくないのです。それからゆりのように香りの強い花、花粉が飛ぶような花も同様に避けるべきです。

お尻が痛くなる!

BGMが大きすぎ!!

ユリ
胡蝶蘭

客席編

チェックポイント 1

働く人の身なりをチェック
――職人の白衣はきれいか、腕時計や指輪をしていないか、アルバイトは髪型をチェック

席に座ったら従業員や職人の服装をチェックしてください。

不潔で、だらしない服装をしているのは論外ですが、注目すべきは職人の白衣です。

白衣が汚れているのはNGです。

白衣の汚れに気を遣えないような職人が、食材の鮮度や衛生に気を遣っているとは到底思えないからです。

さらに職人が腕時計をしているのは

ダメです。腕時計をしたままでは、きちんと手を洗えないからです。

爪が短く切られているか、髪の毛が落ちないようにまとめられているか、ひげを生やしていないか、手指にけがをしていないかということも重要です。

NHKの朝の連続ドラマ「あまちゃん」で寿司職人が「ミサンガ」をしているシーンがありましたが、プロの職人としては失格です。

そもそも職人のアクセサリー類は結婚指輪も含めて一切NGです。そうでなくてもつけっぱなしで洗うことのできないミサンガをどれだけ清潔に保てるのでしょうか。

またアルバイトについても、身なりがきちんとしているかは重要です。

茶髪のバイト、髪が長く帽子をかぶっていないバイト、アクセサリーをしているバイトなどたくさんいますが、すべて不可です。

チェックポイント ②

ホールの人の反応を見る
――さりげなく客をいつも見ているか。呼んでも来ないのは論外

店員の態度も大事です。どんな激安店でも、店員の愛想が悪い店には二度と行きたくないものです。きちんとあいさつができるか、清潔感があり笑顔があるかどうかも

はずせません。

水やお茶がなくなったらさりげなくもってきてくれるなど、よく気がつく店員がいる店に客は「また来たい」と思うものです。

食後のコーヒーなどを頼んだとき、出てくるタイミングがどうか、スプーンを落としたとき、コップの水をこぼしたときの対応がどうかなどもチェックポイントです。

「お客さんの様子を常に注意して見ていなければならない」と、客商売をしている人なら教えられていると思います。

呼んでも来ない、返事さえしない店

員などは論外です。隣の席の人が物を頼もうとしているのに対応しないのを見ると、こちらまで気分が悪くなります。

それから会計時、帰ろうと立ったときにレジに誰もいないことがあります。呼んでも来ないときは、もうこのまま帰ってしまおうかと思ったりもします。

一人客でも、二人客でも、顔を上げて首を左右に動かしていれば、店員さんを探しているのです。

追加注文が欲しいとき、おしぼりを替えてほしいときなど、お客さんがいう前に「おしぼりいかがですか」と声をかけてくれる、そういう気遣いがいまの外食店からどんどん消えているような気がしてなりません。

チェックポイント ③

テーブルの上を見る
――テーブルの上に箸立てがある店はそれだけでダメ

席に座ったらテーブルの上を見ます。

汚れているのは論外。調味料などが置かれているときは、それらが清潔に管理されているかどうかも見ましょう。

醤油が注ぎ口に固まっていて出てこないようなのはダメです。メニューがシワシワ、折れているなども話になりません。

またテーブルの上に箸立てを出している店は、それだけでダメ。

ただでさえ狭い日本の飲食店で箸立てがあると、その分、スペースが狭くなります。その箸立ては「あなたのために」置かれているのではなく、「あなた以外の人のために」置かれたものです。

料理編(チェーン店)

全国チェーン店はトイレと玄関、そして皿を見る

【料理編】は全国チェーン店と個人店の2つに分けて説明します。

チェーン店は全国どこでも同じ味、同じサービスを受けられるので安心というメリットがあります。ただし店舗によって若干の差があるので、日ごろからいくつかを回ってその違いをチェックしておくことが大切です。

普通の人が行ってそのチェーン店の力、各店舗のオペレーションの力が一番わかるのはトイレと玄関です。ここが汚れている店、不潔な感じのする店は、味もサービスも推して知るべし。食べ物だったら皿を見ることです。温かい材料は温かい皿、冷たい料理は冷たい皿で出てくるかどうか。

同じチェーンでも多少の違いはありますが、A店は抜群によくて、C店は最低レベルということはまずありません。

【ジャンル別】おすすめの全国チェーン店リスト

本書では外食店の揚げ足取りばかりしているようで、さすがの私も気が引けるので、ここで私のおすすめする店を主に全国展開・チェーン店からあげてみます【図表★12】。あくまで私個人の感想であることをご了解ください。また、個別のチェーン店名は本書執筆時点の2014年4月現在のものです。今後会社の方針が変わり、おすすめではなくなる可能性もありますので（そうでないことを願っていますが）、ご了承ください。

★カレー 大鍋ではなく小鍋で一人前ずつ温めている▼【カレーハウス CoCo壱番屋】

チェーン展開の店はセントラルキッチンでつくったものを各店舗に配送しています。厨房を見るのは難しいと思いますが、これを大鍋で温めて出すのはダメです。最初はよくても、最後は煮詰まってきます。そうなると味にバラツキが出てしまいます。注文を受けてから小鍋で一人前ずつ温めて出してくれるのがいい店です。

「カレーハウス CoCo壱番屋」は店によって味のバラツキがなく、カレーのチェーン店では一番信頼しています。

[図表★12]【ジャンル別】おすすめの全国チェーン店リスト

カレーハウス CoCo壱番屋（カレー）
ロイヤルホスト（ファミレス）
吉野家（牛丼）
大戸屋（定食）
サルヴァトーレ・クオモ（イタリア料理）
餃子の王将、バーミヤン（餃子・中華）
がってん寿司、スシロー（回転寿司）
丸亀製麺（うどん）
和幸（トンカツ）
ケンタッキーフライドチキン、サブウェイ、ミスタードーナツ（ファストフード）
スターバックス（コーヒー）
神戸屋、ドンク（ベーカリー）

2014年4月現在のおすすめ店です

★ラーメン　スープを店でつくっている

▼【該当チェーン店なし】

ラーメンについてはすでに何度か触れましたが、スープを自分でつくっているかどうかが最大のポイントです。本書執筆のために、いろいろなラーメンチェーン店に足を運びましたが、胸を張っておすすめできるチェーン店は、残念ながらありませんでした。

各店舗でスープを手づくりしているチェーン店が少ないうえに、そもそもラーメンは人によって好みの幅も大きいからです。

ラーメン店に関しては、みなさんがお好きな個人店のほうが総じて味もいいように思います。

浮き沈みも激しい世界ですが、流行っている店、生き残っている店は、麺にこだわり、麺に使用している小麦粉にこだわり、スープにこだわっている店が多いと思います。

★ファミレス 店内調理にこだわる店はやはりおいしい▼【ロイヤルホスト】

私個人はあまりファミレスを利用しませんが、同じファミレスでも、コックがいて、できるだけ店内調理にこだわっている店は、やはり味もいいと思います。

お客さんにもそれがわかるのでしょう。ファミレスは低価格化競争が続いていましたが、最近はきちんと店内調理をする店が盛り返してきています。

その代表例が「ロイヤルホスト」です。

「ロイヤルホスト」はいい素材を使って店内調理にこだわることで、ほかのファミレスと一線を画しています。ファミレス低価格化路線の煽りを受け、長らく低迷していましたが、最近はお客さんが戻って売り上げをめきめきと伸ばしています。

★牛丼 素材のレベルはほぼ同じ。おいしさの差を決めるのは味付け▼【吉野家】

牛丼チェーンでは、使っている牛肉のレベルはほとんど変わりません。アメリカ産やオーストラリア産など産地の違いはあるものの、仕入れコストはほとんど変わりません。当然、同じ牛丼なので、つくり方もほとんど同じです。

よって、おいしさの差を決めるのは、味付けになります。

牛肉の脂のうまみをいかに引き出す味付けにできているか、たまねぎに味がしみ込んでいるかなどで、おいしさの印象が異なってきます。

私が個人的に一番おいしいと思うのは「吉野家」です。牛肉をはじめ、味付けの仕方はチェーン店では一番上手だと思います。

★定食 店の厨房で一つひとつ手づくりする店は流行っている▼【大戸屋】

これもファミレスと同じ、各店舗でできるだけ手づくりしているかどうかが最大のポイントです。手抜きをせず、一つひとつ手づくりをする店はやはり流行っています。

全国チェーンでは、なんといっても「大戸屋」が群を抜いています。

セントラルキッチンを採用せず、店の厨房で調理することを方針にしていて、大根おろしも注文を受けてからすりおろすそうです。各店舗でつくる手づくり豆腐も非常においしい。かつおぶしも店内で削って出しているようです。

手を抜かず、一つひとつ手づくりをして出すという姿勢が徹底しています。安心して食べられる店です。

★イタリア料理 野菜や肉・魚は国産、チーズやハムは本場の食材を使用している

▼【サルヴァトーレ・クオモ】

イタリア料理でも、手づくりと食材がおいしさの決め手になります。スパゲッティの麺は、生麺か乾麺かは好みの分かれるところですが、ピザは店で手づくりするのは当然、きちんとした店ではデザートも手づくりしています（イタリア料理において、デザートは重要な位置を占めるからです）。

食材は、野菜をはじめ、肉や魚はできるだけ地元の、国産のものを使用する、日本に本物が少ないチーズやハムは本場の食材を使用している、それができているイタリア料理店ではチェーン店でもおいしいし、流行っています。

全国チェーン店では、「サルヴァトーレ・クオモ」がおすすめです。食材を使い分け、ピザなどは手づくりし、ワインは料理に合うものを手頃な値段で提供しています。

★**餃子・中華** **包みたて、焼きたて、切りたて▼【餃子の王将】【バーミヤン】**

やはり各店の厨房で野菜を切って素材から調理する店、それから餃子は店内で包んで、包みたてを焼くことにこだわっている店が味もいいと思います。

「餃子の王将」は店内で包んで、包みたてを焼くことにこだわっているのでおすすめです。ただフランチャイズ制なので、店によって味やサービスに大きな差があるのが残念ですが。

「バーミヤン」も、各店の厨房で野菜を切って素材から調理しようという姿勢を評価したいと思います。ただそれをアルバイトにやらせようとしているのが難点で、店によって味のバラツキがあります。

★**回転寿司** **店内でネタを切り、職人がオープンキッチンで握っている▼【がってん寿司】【スシロー】**

北海道などをのぞけばチェーンであまりおすすめのところはありませんが、職人がオープンキッチンで握ってくれるところは、総じていいと思います。また、同じ100円寿司の中でも、店内で魚をさばいている店は、そうでない店に比べておいしいと思います。

全国チェーンの中では「がってん寿司」はいいと思います。きちんとオープンキッチンで職人が握っています。

100円寿司なら「スシロー」がおすすめです。詳しくは第4章の「覆面食べ歩きレポート　ラウンド9」（198ページ）を参照してください。

★うどん　店内で麺を打っている▼【丸亀製麺】

うどんも、店で麺を打っているところがやはりおいしいと思います。麺を仕入れて出すところとはコシが全然違います。

全国チェーンでは店で麺を打っている「丸亀製麺」がおすすめです。

麺を仕入れて出す某うどんチェーン店とは全然味が違います。それがきちんとお客さんにも伝わるので、同じような価格帯でも「丸亀製麺」のほうが流行っているのでしょう。

★トンカツ　厨房で肉をスライスし、パン粉をつけている▼【和幸】

トンカツはきちんとした専門店で食べればウソやごまかし、ニセモノの心配の少ない食べ物だと思います。だから私も、外食ではよく利用します。

専門店は店できちんと肉を切ってパン粉をつけて揚げています。パン粉を店内でつくっている店もあります。

全国チェーンでは「和幸」がおいしく、値段もリーズナブルです。とくにパン粉を店内でつくっているところが素晴らしいと思います。

★ファストフード　やはり店内調理がカギ

▼【ケンタッキーフライドチキン】【サブウェイ】【ミスタードーナツ】

これも店内調理かどうかがカギ。「ケンタッキー・フライド・チキン」は、きちんと生の鶏肉を仕入れて店舗で揚げて揚げたてを提供するからおいしいのです。

あるいは「サブウェイ」も店できちんとつくっていて、つくりたてを食べることができます。そこを評価したいと思います。

「ミスタードーナツ」も店ごとに粉からドーナツをつくっていて、つくり方の見本にすべきだと思います。

ただフランチャイズ制なので、店によってはドーナツの出来にバラツキがあるのは否めません。「食べ歩きレポート」では取り上げませんでしたが、本書の取材で行った店では、生地が古いらしく、ドーナツがすっぱくなっているのには驚きました。

また、ここのコーヒーカップは厚みのあるしっかりしたものを使っています。これはコーヒーを飲むときに一番おいしいと感じる厚みで、よく研究しています。ただ、肝心のコーヒーの味がイマイチなのが残念ですが。

★コーヒー 飲み物の温度管理がきちんとできている▼【スターバックス】

コーヒーは、チェーンによって実力に差があります。

やはり「スターバックス」は評価でき、私自身もよく利用します。

なんといっても飲み物の温度管理がきちんとできているところが素晴らしい。カフェラテひとつにしても、きちんと温度を計ってつくるのと適当につくるのとでは全然味が違います。研修システムがきっちりしているのだと思います。

それから最近人気のコンビニのいれたてコーヒーも、値段のわりにはいいと思います。私の好みではセブン‐イレブンがおいしいと思います。

★ベーカリー 粉から手づくりしている▼【神戸屋】【ドンク】

前作『スーパーの裏側』でも述べたように、仕入れの冷凍生地を店のオーブンで焼き、「焼きたてパン」と銘打って出すチェーン店が多いのが実情ですが、きちんと各店舗で粉から手づくりしているチェーン店もあるので、そういう店を選びましょう。やはり食べ比べてみると味が違います。

たとえば、「神戸屋」「ドンク」はきちんと各店舗で粉から手づくりしています。だからいつも混んでいるし、ほかのチェーン店と食べ比べるまでもなく、やっぱりここのパンはおいしいです。また「神戸屋」のレストランでは、注文を受けてからしぼってくれる本物のジュースも飲むことができます。

ご注文をいただいてから搾ります!
氷もジュースでつくっています!

居酒屋、そば屋でおすすめの全国チェーンがない理由

外食ではほかにも居酒屋、そば屋がありますが、これは全国チェーン展開ではおすすめと思える店がなかなかありません。やはり個人でやっているそば屋、その地元でとれる魚、酒を出す地方の居酒屋においしい店が多いと思います。

仕事柄、頻繁に出張に行きますが、地元のおいしい居酒屋を見つけるのが私の楽しみです。やはりその地方ならではの地魚、地元でとれた新鮮な野菜が一番おいしいですから。

全国チェーンにも利点があるのは事実ですが、そもそも日本全国で同じものを提供しようとすること自体に無理があるともいえます。

魚も野菜も鮮度が命です。富山の魚を九州、大阪、東京で出そうとするからおかしなことになるのです。

しかし、消費者もわかり始めています。

ひところファミレス、ファストフードの低価格化競争が起こり、みんなそこにこぞって飛びつきました。最初のうちこそ「安いね、この値段で食べられるんだからいい

ね」というものの、そのうち「おいしくない」ことにみんな気づいて足が遠のきました。

だから、いまみんなが本物の店を選び始めています。

自分のところできちんと手間をかけてつくっている店は、どこもたいてい混んでいます。それはもう理屈抜きにおいしいからです。

それを考えれば「安かろうまずかろう」ではなく、3回の外食を1回にしてでも、本物の店、誠実な店に行くべきだと私は思います。

本物を出す店はもちろん激安価格とはいきませんが、たとえば北海道ならミシュランで3つ星の寿司屋だって、ひとり1万円で足ります。それだったら回転寿司を数回我慢すれば行けるのではないでしょうか。

そしてお子さんには、ぜひとも本物を食べさせてあげてほしいと思います。

味覚は子どものときに形成されます。その大事な時期にニセモノ食品や油と砂糖で味をごまかした料理を食べさせたら、舌がマヒしてしまいます。

どうか本物を食べさせてあげてください。きちんとした味覚が育てば、それはその子の一生の財産となるのですから。

料理編（個人店）

個人店は千差万別なのでなかなか一律にはいえませんが、はじめての場所でおいしいお店（個人店）を探すにはどうすればいいか、私なりのコツをまとめてみます。

ここでいう個人店は、完全に一店舗のお店から、姉妹店など2～3店舗あるようなお店も含みます。「知らない場所での、おいしい個人店の探し方」の一例として参考にしていただければと思います。

はじめての場所での店選びのコツ ❶

地元の人が自腹で行く店に行く

仕事柄、知らない土地によく行きますが、

「料理は地元の食材を使ったものがおいしいはず」

「お酒、とくに日本酒は旅（移動）をさせないほうがおいしいはず」

と考えている私は、必ずその土地の個人店で食事をするようにしています。

地元の人と一緒の場合にはその人の行きつけの店に行きますが、おすすめの店を聞いてひとりで行くときには、ひとつ注意していることがあります。

それは、「その人自身が本当に行ったことのある店か」「接待ではなく自分のお金で行くような店か」ということです。

地元の人に聞いて行くときは、その人が自分で行って食べた店かどうか、さりげなく確認します。

やはり店は行ってみないとわからないものです。でも、「あそこは有名だから」という理由で、自分の行ったことのない店をすすめられるケースも少なくありません。

またタクシーの運転手さんなどに聞

くと、本当にいいお店に連れて行ってくれる場合と、領収書で落とせるような接待用のお店に連れて行かれる場合の両方があるので注意が必要です。

私の経験では、ひとりでタクシーに乗るといいお店に行ってくれるのですが、2～3人で乗るとどうしても接待用の店に連れて行かれることが多いような気がします。そんなときはタクシーの運転手さんには申し訳ないのですが、案内されたお店ではなく、普通の赤提灯に行くようにしています。

はじめての場所での店選びのコツ ❷

混んでいる店、とくに活気のあるカウンターキッチンの店ははずれがない

地元の人がおすすめのお店を知らない場合には、ホテルのフロントの人に聞いたり、ホテルのロビーに置いてあるパンフレットや冊子を見て、行くこともあります。

しかし、実際に店に入るかどうかは、あくまで自分で店の玄関の前に立って「第一印象」で決めるようにしています。

前述したように、玄関まわりが客を迎えてくれる玄関か、そうでないかというポイントは大きいと思います。

それから大事なことは活気のある、混んでいる店を選ぶことです。中をのぞき込んで活気がない店、客がほとんど入っていない店は、たとえガイドブックに載っている店だとしても、やめたほうがいいと思います。

ドアのガラス部分にポスターなどを貼って中が見えないようにしている店は、「何かのぞき込まれたくない理由がある」と考えたほうがいいでしょう。

個人的には、できるだけオープンキッチンの店を選ぶようにしています。

焼き鳥や串揚げ、寿司屋などカウンターがあり、中に大将がいて冷蔵庫から食材を出して調理してくれるような店です。そういう店は調理工程がすべて見渡せるので、ごまかしが少なく安心できます。

飲み放題の店にうまい店なし

知らない街、知らない場所に行くと、ネットでおいしいお店を検索する人も多いと思います。

ネット上のお得なクーポンが流行りの昨今、「980円飲み放題！」などのクーポンをよく見かけます。

また街中を歩いていても「2時間1000円飲み放題！」などのポスターや看板を出しているお店もよく見かけます。

ただし、私がこれだけは確信をもっていえるのは「飲み放題の店にうまい店はない」ということです。

なぜその店は、飲み放題にする必要があるのでしょうか？

そうしないと、お客さんが来ないからです。

普通にしていていつも混むような店は、わざわざ飲み放題にする必要はありません。本当においしいお店は飲み放題なんかにしなくても、お客さんが来るのです。

そもそも、おいしい料理、おいしい肴をお客さんに楽しんでもらおうと考えている店が、あえて飲み放題にするとはとても思えません。酔ってしまえば、料理や肴の味などわかるはずがありませんから。

もちろん飲み放題目当てのお客さんは「おいしいものを食べよう」というよりも「値段を気にせず、たくさん飲みたい」「安く酔えればいい」と思っているわけなので、料理の味は別にそこそこであればいいのかもしれませんが……。

ただ、そういうお店は、料理の味を楽しむ、おいしいものを食べに行く店ではないと私個人は思います。

「飲み放題のサービスがなくなっても、そのお店に行きたいと思うか」

その点をぜひ考えてほしいと思います。

流行っている店は、ネットに広告やクーポンなど出さない

いまネットのクーポンの話を出しましたが、流行っている店、本当においしいお店は広告やクーポンなど出さないものです。

そもそも、なぜ広告やクーポンを出す必要があるのでしょうか。

それは人集めのためです。

では、なぜその店は人を集めなければいけないのでしょうか。

そうしないとお客さんが来てくれないから、流行っていないからです。

「クーポンがあるから行く店」は、「クーポンがないと行かない店」になりがちです。

そもそもクーポンを出す経費があれば、最初から単価を下げるべきだと私は思います。

本当においしい店は、広告やクーポンの力を借りなくてもお客さんが入るものです。

広告やクーポンを出すのがすべて悪いとはいいませんし、広告やクーポンを出すお店がすべておいしくないとまではいいません。

ただ、「流行っているお店、本当にいいお店は、ネットに広告やクーポンなど出していない」ということはいえると思います。

その店の売りは何なのか、それを考えて店を選んでほしいと思います。

ただし、チェーン店の場合は、広告やクーポンを出すことには、お客さんだけでなく、フランチャイズ店のオーナーを集めるという目的もあります。

また広告宣伝費は、各店舗ではなく本部の宣伝費から出るので、個人店の場合とは仕組みが異なるという事情もあります。

はじめての場所での店選びのコツ 5

店前に瓶ビールを置いている店は論外。生ビールがおいしい店は、総じて料理もおいしい

店の前に、瓶ビールをケースごと置きっぱなしにしている店があります。こういう店にうまい店はないと私は確信しています。

ビールはお客さんに提供するものです。店の人の目が届かないところに置いていて、もし誰かにいたずらされたら、どうするのでしょうか。

そうでなくても、ビールは熱や光に弱く、劣化しやすい、非常にデリケートな飲み物です。街中で、光を遮断するシートをかぶせてビールを運んでいるトラックを見かけるのはそのためです。

また、おいしい生ビールを提供しようと思えば、ビールの保管に加えて、ビールサーバーの掃除など、こまめな手入れが毎日必要になります。

ビールサーバーを洗浄していないと雑味が出て、生ビールがおいしくなくなります。おいしい生ビールを出す店は、仕入れ・保管・手入れのすべてに気を配っている店です。

そういうお店は、総じて料理もおいしいものです。すごく汚い店、すごく料理がおいしくない店で、ビールだけが格別おいしい店というのに当たった経験はあるでしょうか？　おそらくないと思います。ビールをきちんと保管、メンテナンスできる店は、食材の鮮度から店の掃除まで、ほかもきちんとしているものです。

お店の意識はビールひとつに表れます。

はじめての場所での店選びのコツ 6

刺身がおいしい店は、総じてほかの料理もおいしい

刺身がおいしい店というのは、冷凍品を使わず、きちんと市場に行って魚を仕入れています。

そういうお店は、ほかの食材もきちんと仕入れているものです。だから、焼き魚や干物などほかの魚もおいしいし、調理もしっかりしている店が多いと思います。

逆に、鮮度が命の刺身に、仕入れ品（冷凍）を使うようなお店は、ほかの食材の仕入れも推して知るべしといえるでしょう。

先ほどのビール同様、刺身がおいしくないお店で、ほかの料理がものすごくおいし

いという経験をしたことはあるでしょうか？

刺身がおいしい店というのは、総じてほかの料理もおいしいものです。

食材に対するその店の考え方は、刺身に一番わかりやすい形で表れるということです。

焼き魚だって、生の魚を仕入れている店は、それをきちんと焼いて出します。焼き魚に仕入れ品を使うような店は早晩、流行らなくなるのは間違いありません。

はじめての場所での店選びのコツ 7

海沿いの県なのに、生の魚を置いていない店は論外

富山に出張したとき、カウンターのあるお店に行きました。

唖然としたのは「何か焼き魚ありますか」と聞いたところ、「生の魚は準備していない」と答えが返ってきたのです。干物だけだというのです。

私は食材がなくなるといやなので、食べに行くときはなるべく早い時間、できればのれんがかかると同時にお店に入るようにしています。

海の近くの富山のお店で、生の魚を用意していないとは驚きを通り越して呆れてしまいました。

せっかく電車、飛行機に乗って地方まで来たにもかかわらず、なぜ東京で

も食べられる冷凍された干物をわざわざ食べなければならないのでしょうか。

前述したように「仕入れた食材を無駄にすることがないように冷凍の干物を使用したら」とすすめる外食コンサルタントがいるのです。合理化を追求すればそうなるでしょう。

しかし、都会に出ていた魚の大好きな子どもが実家に帰ってくるとしたら、母親はどんな準備をするでしょうか。

朝早く起きて魚屋さんに行って、魚を買ってくると思います。行きつけの魚屋さんであれば、前の日のうちに「子どもが帰ってくるのでいいところを仕入れておいて」と頼むと思います。

相手の顔を見て仕入れを行う、お客さんの喜ぶ姿が見たいから料理をする、この原点を忘れてしまっているお店がいまの時代、本当に多いと思います。

はじめての場所での店選びのコツ 8

最後は自分のカンを信じる

小樽に出張に行ったときのことです。観光案内、地元の冊子、旅行雑誌すべてにおいしい郷土料理の店として紹介されている店がありました。お店の名前はずばり郷土料理の名前がつけられています。

ですからこの店に行くのをとても楽しみにしていました。

夕方仕事が終わるのも待ち遠しく、店を探してホテルから歩いていきました。寒い中、なんとか店を探し出した私は「えっ、こんなところなの⁉」と思わず大声を出してしまいました。

店の玄関が私を迎えてくれていないのです。

薄暗く、玄関のドアは薄くホコリがかぶっています。とても食べ物屋の雰囲気ではありません。

しばらく玄関から店の中をのぞいてみました。店の中にはお客さん、お店

の方などの人の気配があるのですが、私の気配には気がついてくれないのです。

ガラス越しに見た店内が薄暗かった、玄関のガラス戸が汚れていた、たったこれだけのことで、店に入るのをやめてしまったのです。それでも店の人が私の気配を感じてドアを開けてくれれば入ったかもしれません。

お客さんを常に迎える気持ちがあるかないかは自然と伝わってくると思うのです。

この店を探す途中で、店の看板が気になったお店がありました。平凡な看板でしたが、照明が明るく看板はきれいに磨かれていました。

お店は2階にあり、階段を上がっていくのですが、階段もきれいに磨き込まれていました。

旅行雑誌に載っている有名なお店を蹴って、雑誌には載っていない、看板と階段が磨かれたお店に入りました。

開き戸を開けたとたん、「いらっしゃいませ」と女性の声。店は10名くらい座れるカウンターと掘りごたつの座敷が2つあるのみの小さなお店です。

上着を脱ぐか脱がないかのうちに「寒いので芋焼酎をお湯割りでください」と注文し、座ったときには、カウンターに芋焼酎が出てきました。

もちろんコートはハンガーにかけてくれました。

「今日のおすすめは？」

「生の鰊《にしん》があります」

「お刺身は？」

「タコとホッキ貝がいいですよ」

「じゃそれを」

料理もお酒も間違いなくおいしく、大変満足しました。

カウンターの中は、女性が座ることのできる椅子があり、料理を厨房から運ぶとき以外は、カウンターの向こうで私の話し相手をしてくれるのです。

もちろん食べ終わったお皿などは、さりげなく下げてくれますし、お酒がなくなれば、「次は何がよろしいですか」と聞いてくれます。

自分のカンを信じてよかった。本当にいい店でした。

おわりに

▼本物の味が失われた日本という国

日本マクドナルドの創業者である藤田田《でん》氏は、「人は3歳までに食べたものを終生食べつづける」と述べています。

人の味覚は3歳までに決まる。だから3歳までにハンバーガーの味を覚えさせておけば一生ハンバーガーを食べるというのが藤田氏の主張です。ハンバーガーの話はともかくとして、3歳までに味覚が決まるというのは本当にそのとおりでしょう。

いまはお母さんの味、家庭の味を知らない子どもが増えています。家庭料理が崩壊しているのです。

惣菜のトンカツを買ってきたり、冷凍食品の餃子を電子レンジでチンしたり、レトルトのミートソースを温めて出すというのが当たり前になってしまいました。カレーはつくるにしても市販のカレールーを使うから、どこの家庭も同じ味です。

だから家庭料理の味を知らない人は「寿司」と「トンカツ」と「カレー」がおいしいといいます。買ってきたトンカツ、回転寿司がおいしいと思っているのです。

そして恐るべきことに家庭料理の味を知らずに育った世代が、いまお母さんになってきています。

土日の昼時にマクドナルドに行くと、お母さんたちがみんないっせいに子どもたちにハンバーガーを食べさせています。いいか悪いかは別として、まさに藤田田氏の狙いどおりです。

▼外食がレジャーの受け皿になった

いま外食が、レジャーの受け皿となっています。

昔はおじいちゃん、おばあちゃんの家に行ったら、おばあちゃんがご飯を炊いて、手づくりのご馳走をつくってくれました。特別なものでなくても、手製の漬物や味噌汁の並ぶ食卓がそこにありました。

それがいまはファミレス、回転寿司にとってかわられてしまった。みんなでレジャー代わりに外食に行く時代なのです。

それと同時に、日本人のご馳走神話がおかしくなってきてしまいました。

おじいちゃん、おばあちゃんが孫と一緒にファミレスでご飯を食べているのを見ると、私はなんだかかわいそうな気持ちになってしまいます。

そこで出てくるものは見た目は和風の定食でも、中身は遠い東南アジアから運ばれてきた「化学調味料」を大量にまぶした惣菜だったり、「植物性タンパク」で膨らませるだけ膨らませたニセモノハンバーグだったりします。そして孫が笑顔で食べているのは、骨を砕いて添加物で味をつけた鶏肉団子です。

おじいちゃん、おばあちゃんは本当においしいと思って食べているのでしょうか。

日本人のDNAに深く刻まれている和食の味、それは米と味噌と魚、そして豆腐です。太古の昔から私たちが食べつづけてきた米と魚と味噌汁、それが日本人の基本の食事だったはずです。

本物の味を知っているおじいちゃん、おばあちゃんたちがファミレスで本当においいしく食事ができるのか、非常に疑問です。

子どもや孫たちだって本物のおいしさを経験すれば、ニセモノ食品がおいしいとは思えなくなるはずです。経験していないからニセモノをおいしいと思っているのです。

中国に行くと、麺も店で粉からつくるし、餃子だって粉から皮をつくってその場で包んで出してくれます。日本の飲食店だけが、東南アジアでつくったものを電子レンジでチンして出してくるのです。それを家族みんなで大喜びして食べているのです。日本は世界に冠たる経済大国なのに、なぜ外食文化だけがこんなに突出して貧しいものになってしまっているのか。嘆かわしくて仕方ありません。

某有名大学の学食で起こっていたこと

――「業界（プロ）の常識」と「素人の常識」はまったく違っていた

食品業界に関わって30年近く経ちます。私の職歴は前作『スーパーの裏側』に詳しく書いていますが、大学を卒業後、最初に勤めた会社はハム・ソーセージのメーカーでした。

そこで行われていたのは、私のそれまでの「常識」をはるかに超越したことでした。

当時そのメーカーでは、スーパーに卸したハム・ソーセージの賞味期限が迫ると、返品を受けつけていました。

メーカーは引き揚げたものをどうするか。

再度、飲食店に安く卸していたのです。

再卸先は激安飲食店のほか、都内有名大学の学食などでした。いったん返品されたハムが、大学の学食でハムサラダなどになって並ぶのです。

再卸しした時点でもう「賞味期限切れギリギリ」ですから、学生が食べる時点ではすでに「賞味期限切れ」になっていることも多かったことでしょう。

この販売方法には、ちゃんと名前もありました。「MK販売」というのです。MKとは「見切り品」のことです。

さらに当時は業務用プレスハムなどの製造日から日にちが経ったものは、再度日付をつけ替えることも当たり前に行われていました。営業所の所長も率先してやっていたし、それは何も私の勤めていた会社ばかりでなく、当時の「業界の常識」でした。

「業界（プロ）の常識」と「素人の常識」はまったく異なるものだったのです。

しかし、こんな販売方法を目の当たりにしても、当時新卒入社で若かった私には、食べる人の気持ちを想像することなどできませんでした。素直に「外食産業とはこういうものなのだ」と思い込んでいました。

いま自分が実際に大学生の子どもをもつ親の立場になってはじめて、それがいかにおかしなことだったかがわかります。

もし自分の子どもが返品された賞味期限切れのハムを毎日食べさせられるかと思うと、たまらない気持ちになります。あのときの学生、学生の親御さんにも申し訳ない気持ちでいっぱいです。

問題はこのような販売方法が、いまもなお平然と行われている、そして業界人がそれを当たり前と思い込んでいる、そのことです。

昨今、一流ホテルで発覚した食品偽装もこの延長線上にあります。

▼業界の常識は世間の非常識

私は『スーパーの裏側』において、スーパーの実態、そしてどうすればいいスーパーを見分けられるかをみなさんにお伝えしました。

多くのみなさんに「驚いた」「とても参考になった」といっていただく一方で、業界関係者からは「素人が何をいっているんだ」「何も知らないヤツが偉そうに本を書くな」といったご意見もいただきました。

これらの意見は、じつは業界のある「本質」を示しています。

「素人が偉そうにものをいうな」

この言葉こそが、何よりも業界の体質を表しているからです。

かくいう私自身も、「素人が何をいっているんだ」と思いながら働いていた時期がありました。しかし「素人がものをいうな」という言い方ほどお客さんをバカにしている言葉はないと、いまは思います。

スーパー、飲食店とも実際に働いているのは、パートさんをはじめとする素人集団なのです。

素人は、プロにいわれると「業界ではそんなものか」と思い、自分がもっている常識と違っていても、いわれるままに作業を行ってしまいます。

昨日の刺身、昨日炊いたご飯を出すのも「素人の常識」で考えればおかしいことなのに、「業界の常識」だといわれ、それが当たり前のように行われている世界に染まってしまうと、何とも思わなくなってくるのです。

こうした現状がある以上、それを打破するには、お客さんである消費者が声を上げるしかないと思います。

「植物性タンパク」でのばしにのばしたハンバーグを出すファミレス、魚を売りにしておきながら角の丸く、乾きかかった刺身を平気で出す居酒屋には「おいしくない」といいましょう。トイレが汚かったり、テーブルが汚れているなど衛生状態の悪い店には二度と行ってはいけません。

みんなで外食業界をよくしていくという気概をもつことが、おいしく楽しく外食をするために最も大切なことだと思っています。

2014年4月

河岸　宏和

誰でもできる簡単チェックリスト（☑が多いほど「いい店」です）

外観

- □玄関まわりの清掃が行き届いている
- □玄関先にビールケースやゴミ箱が置かれていない
- □のれんがきれい
- □玄関先が掃き込まれている

内装

- □床が磨き込まれている
- □テーブルの上が片付けられている
- □照明が明るい
- □塩や醤油差しなどがきれいな状態で置かれている
- □動物などが飼われていない
- □充分な大きさの手洗い設備がある
- □店舗に応じたテーブルと椅子になっている
- □BGMが適切な内容、音量である
- □胡蝶蘭やユリ、花粉の飛ぶ花が置いていない

トイレ

- □男女別のトイレがある
- □清掃が行き届いている
- □手洗いにお湯が出る
- □手洗い洗剤、手ふきペーパーがある

職人

- □職人の白衣がきれい
- □清潔な髪型をしている
- □爪が伸びていない
- □髭を生やしていない
- □指輪、腕時計などを身につけていない

ホール

- □来客時に目を見た笑顔のあいさつがある
- □注文をとるまでのタイミングがいい
- □用事があるときに呼ぶ前に来てくれる
- □会計を待たせない

厨房

- □厨房内が整理整頓されている
- □厨房の床面がきれいに洗浄されている

臭い

- □酸化した油の臭いがしない
- □トイレ臭がしない
- □厨房からドブ臭がしない

その他

- □値段に対して満足感がある
- □家庭でつくるよりおいしい
- □参考にしたい調理法がある

【ジャンル別】おすすめの全国チェーン店リスト

カレーハウス CoCo壱番屋 **【カレー】**
ロイヤルホスト **【ファミレス】**
吉野家 **【牛丼】**
大戸屋 **【定食】**
サルヴァトーレ・クオモ **【イタリア料理】**
餃子の王将、バーミヤン **【餃子・中華】**
がってん寿司、スシロー **【回転寿司】**
丸亀製麺 **【うどん】**
和幸 **【トンカツ】**
ケンタッキーフライドチキン、サブウェイ、ミスタードーナツ **【ファストフード】**
スターバックス **【コーヒー】**
神戸屋、ドンク **【ベーカリー】**

＊2014年4月現在のおすすめ店です
＊おすすめの理由と詳細は本書p222～231をご覧ください

[特別付録★1] 河岸流、これが「いい店」の選び方だ!

＊巻末付録として、誰でもできる「いい店」の見分け方を改めてまとめておきます
詳細は本書p208〜249で説明しているので、ご参照ください
＊簡単チェックリストは右にまとめています
今後、お店に行ったら、どれだけチェックマークが入るか試してみてください

外観・内装編

①第一印象を大事にする――客を迎える気持ちは自然に玄関まわりに表れる
②店内は清潔か――「汚い店にうまいものなし」
③厨房と段ボールをのぞき見る――その店が隠しておきたい「全貌」がわかる
④店の臭いに注意する――油の臭い、トイレの臭い
⑤席やテーブル、内装を観察する――テーブルの配置からBGM、胡蝶蘭まで

客席編

①働く人の身なりをチェック――職人の白衣はきれいか、腕時計や指輪をしていないか、アルバイトは髪型をチェック
②ホールの人の反応を見る――さりげなく客をいつも見ているか。呼んでも来ないのは論外
③テーブルの上を見る――テーブルの上に箸立てがある店はそれだけでダメ

料理編(チェーン店)

①全国チェーン店はトイレと玄関、そして皿を見る
②**[カレー]**大鍋ではなく小鍋で一人前ずつ温めている
③**[ラーメン]**スープを店でつくっている
④**[ファミレス]**店内調理にこだわる店はやはりおいしい
⑤**[牛丼]**素材のレベルはほぼ同じ。おいしさの差を決めるのは味付け
⑥**[定食]**店の厨房で一つひとつ手づくりする店は流行っている
⑦**[イタリア料理]**野菜や肉・魚は国産、チーズやハムは本場の食材を使用している
⑧**[餃子・中華]**包みたて、焼きたて、切りたて
⑨**[回転寿司]**店内でネタを切り、職人がオープンキッチンで握っている
⑩**[うどん]**店内で麺を打っている
⑪**[トンカツ]**厨房で肉をスライスし、パン粉をつけている
⑫**[ファストフード]**やはり店内調理がカギ
⑬**[コーヒー]**飲み物の温度管理がきちんとできている
⑭**[ベーカリー]**粉から手づくりしている

料理編(個人店)

①地元の人が自腹で行く店に行く
②混んでいる店、とくに活気のあるカウンターキッチンの店ははずれがない
③飲み放題の店にうまい店なし
④流行っている店は、ネットに広告やクーポンなど出さない
⑤店前に瓶ビールを置いている店は論外。生ビールがおいしい店は、総じて料理もおいしい
⑥刺身がおいしい店は、総じてほかの料理もおいしい
⑦海沿いの県なのに、生の魚を置いていない店は論外
⑧最後は自分のカンを信じる

□肉まん	「植物性タンパク」のみでつくったものは「肉まん」とは呼べない。肉の配合が50%以上は必要
商品の特徴	
□クリーミー、ふっくら、まろやか、とろける	「絶対値」なのか「比較値」なのかを明確にして、数値で説明ができる科学的データがあること（「もちもち」「とろとろ」も同様）
栄養成分関連	
□カルシウムたっぷり	栄養成分がたっぷり入っていると表示するには決められた以上に成分が入っている必要がある。カルシウムなら100g中210㎎以上
□低カロリー	「低カロリー」と謳うには、100gあたり40kcal以下
□ノンカロリー	「ノンカロリー」と謳うには、100gあたり5kcal以下
□カロリーハーフ	「カロリーハーフ」と謳うには、比較対象となる商品を明確にする
ランク付け	
□スペシャル、極上、プレミアム、最高級、特選、厳選、本格、贅沢	品質、ランクを表現する表示は、客観的な基準があり、証明できる必要がある（「高級」「上級」「抜群」「良品」「満点」なども同様）
□無添加	「何が無添加なのか」を明確にする必要がある。ただ「無添加」と書いても「食品添加物無添加」とは限らない。何を添加していないのか「無添加」表示の近くに表示すること（「保存料無添加」など）
□純、純正、天然	「純」「純正」「天然」とも定義ができないので表示できない
□熟成	「熟成」と謳うには、時間とともにおいしくなる工程があること。単純に調味料の味がしみ込むだけの工程では「熟成」と謳えない
□こだわり	何にこだわっているのか、具体的に表現できること
□安心製法	科学的、論理的に「安心製法」が説明できること
□近海一本釣り	釣った船と釣り方が明確に証明できること
名物など	
□名物	公的な資料で「名物」と謳われていること。自称では不可
□名店	公的な資料で「名店」と謳われていること。自称では不可
□老舗	一般的には30年以上同じ商売を続けていること
□創業○年	創業が確認できる資料が必要。自称は不可
旬&フレッシュなど	
□旬	食材がとれる時期に収穫したものを使用する。9月に昨シーズンの牡蠣を使用したカキフライは「旬」とは呼べない
□フレッシュ、とれたて、みずみずしい	収穫してから、加工されずに、鮮度のいい状態のものを使用した場合の表現。加工ジュースは「フレッシュジュース」とは呼べない
□完熟	完熟するまで、収穫しなかった場合にのみ使用できる。収穫後に熟成させたものは「完熟」とは呼べない
□朝どれ	「朝どれレタス」は、店に並べる日の朝に収穫した場合のみ表示できる
米粉&小麦粉&豚骨	
□米粉パン	米粉だけでできている場合のみ表示できる。小麦粉を使用している場合は、「米粉45%使用」と配合率を明確に記載する
□埼玉県産小麦粉使用	使用している小麦粉がすべて埼玉県産である場合のみ記載可能。すべてでない場合は、配合率が必要
□豚骨スープ	厨房で豚骨を使用していることが必要。「豚骨エキス」を使用している場合は表示できない
□背脂肪使用	豚の背中の脂肪を使用していること。もも肉などの表面の脂肪は「背脂肪」とは呼べない
受賞	
□モンドセレクション金賞受賞など	受賞した商品しか表示できない。「受賞したシェフが調理しました」などと受賞した商品と関連のない商品には「受賞」と謳えない

[特別付録★2] 消費者にも外食店で働く人にもおすすめ! メニュー&ポスターの「言い回し」チェックリスト

＊メニューやポスターに使いがちな「言い回し」には、気をつけないと「落とし穴」があります(モラルの問題はもちろん、法律違反になるものもあります)
＊外食店の人は自主点検に、消費者は「誠実な店」を見抜くヒントにしてください
＊ただし、各項目の詳細については関連法規の最新版を必ず確認してください

言い回し	使用できる条件
食材関連	
□産地名	仕入れ伝票、食材に記載のあるものと同じ産地を謳っていること
□加工地表示	三陸沖で捕獲したサンマを中国で加工した場合は、単純に「三陸産サンマ」と表示するのではなく、中国で加工した旨の表示も必要
□銘柄名	仕入れ伝票、食材に記載のあるものと同じ銘柄を謳っていること。お客様に「黒豚の定義は?」と聞かれたときに説明でき、仕入れ食材が定義どおりである証明もあること
□出世魚など	ブリの照り焼きのメニューに、ブリよりも安価なイナダ、ワラサ、ガンドなどは使用できない
□契約農場	契約書が確認できること
□指定農場	指定農場リストがあり、工場内に指定農場以外の原料がないこと
□放し飼い	「放し飼い鶏の卵」と謳うには、昼間に鶏が充分広い面積を自由に動けるスペースが必要
□若鶏、肥育鶏、親鶏	「若鶏」は3カ月齢未満の食鶏、「肥育鶏」は3カ月齢以上5カ月齢未満の食鶏をいう。また「親鶏」は5カ月齢以上の食鶏をいう
□ベーコン、マヨネーズ、チーズ	個別の品質表示基準に基づいた表示が必要。材料に「ベーコン」と書いていないショルダーベーコンを「ベーコン」とは表示できない。同様に、半固体状ドレッシングを「マヨネーズ」、チーズフードを「チーズ」とは表示できない
□肉の部位	赤身を「ロース」、脂肪のある部位を「カルビ」とは表示できない。「ロース」と決められた部位を使用した肉が「ロース肉」になる
□成型肉	肉のかたまりに脂肪などを注入したものは、メニューに「成型肉使用」と明記すること。たんなる「ステーキ」、あるいは「健康ステーキ」「やわらかステーキ」などの表現は不可
□産地直送	今朝とれた魚や野菜を、その日に使用する場合のみ表示できる
□有機野菜	「有機野菜」と謳うには、有機野菜の定義どおりの証明が必要。監査は、認証を受けた団体が行う必要がある
製造方法	
□手鍋	調理する段階で手鍋で調理していること
□炭火焼	加熱調理工程を炭火で行っていること
□手延べそうめん	麺を伸ばす工程を手作業で行っていること
□手づくり	「手づくりハンバーグ」と謳うには、ひき肉の製造をチョッパーを使用して厨房で行い、たまねぎを切り、混ぜる工程すべてを手作業で行うこと。成形機を使用したものは「手づくり」とは呼べない
□自家製	「自家製ハンバーグ」と謳うには、ひき肉の製造、たまねぎを切る、混ぜる工程すべてを厨房で行うこと。「自家製パン」なら、粉から厨房で製造していることが必要。自社のレシピで外部に製造させたものは「自家製パン」とは呼べない
□手焼き	「手焼きせんべい」なら、焼き工程を手作業で行ったもの
□焼きたて	焼いてすぐ提供する場合、朝食の時間に合わせて焼いた場合も含む。朝食用に焼いたものは昼食時に「焼きたて」とは呼べない
□フレッシュ	「フレッシュ」と謳うには、原体から製造していることが必要。凍結原料を使用して「フレッシュ」とは謳えない
□チキンナゲット	「チキン」と謳うには、原材料表示のはじめに「鶏肉」の表示が来て、かつ50%以上の配合が必要

厨房内	
□整理整頓	調理に使用しない私物などが厨房にない
□破損品	調理器具、調理設備など破損したものを使用していない
□異臭	ドブ臭、腐敗臭などがしない
□アレルゲン	アレルゲンが混じらないように管理されている
□潜在的危害のある食材	生卵など潜在的危害のある食材は、生食（そのまま食べることのできる食材）と区分けされて保管されている
□温度管理状況	温度管理の必要な食材が室温で放置されていない
□日付切れ	消費期限、賞味期限、開封後の使用期限の過ぎた食材がない
□防虫防鼠	ネズミが侵入した形跡がない、厨房内にハエなどの虫が飛んでいない
□洗剤	洗剤を小分けしたものは、適切な表示がされている

表示関連	
□伝票	伝票には産地、品名などが記載されている
□食材	食材には入荷日、品名、使用期限などが記載されている
□アレルゲン	メニューに使用しているアレルゲンを把握している

クレーム関連	
□苦情の受付	お客様からの苦情が文章でまとめられている
□苦情の集計	苦情が分析され集計されている
□苦情の再発防止策	苦情に対して再発防止策がとられている

こんな「表現」は絶対禁止！
根拠があっても、使うと薬事法違反です！

□風邪の予防に
□疲労回復
□元気になる、元気が出る
□ダイエット効果がある
□肥満の解消
□脂肪の吸収を抑制する
□血圧の気になる方に
□よく眠れる
□二日酔いに
□消化吸収を助ける
□ヘルシー
□血糖値を下げる
□視力回復に効く
□デトックス作用がある

[特別付録★3] 外食店で働く人におすすめ! プロが使っている自主点検リスト

＊外食店で働く人向けに、自主点検リストをまとめています
＊「9割OK」で満足せず、ぜひ満点をめざしてください
＊どれも最低限の「当たり前」のことばかりで、いい店は必ずやっていることです

項目	具体的な点検内容
経営者	
□方針	利益第一ではなく、お客様のことを第一に考えている
□食材に関する方針	地元野菜、国産原料などの使用食材に関する方針がある
基準書	
□厨房の制服規定	厨房で働く人の服装規定がある
□ホールの服装規定	ホールで働く人の服装規定がある
□食材の使用基準	調味料をはじめ食材の開封後の使用期限を定めている
外観	
□ゴミ箱など	ゴミ箱、ビールケースなどが店頭に放置されていない
□雑草	店頭から歩道まで、雑草などが生えていない
□看板、のれん	看板は磨き込まれ、のれんは清潔である
□窓、ドア	窓やドアのガラスが磨き込まれている
従業員(職人&ホール)	
□服装	厨房内は衛生的な作業着を着ている
□装飾品	厨房内、ホール内とも装飾品をつけていない
□個人衛生	爪が短く切られている、髪の毛が落ちないようにまとめられている、ひげを生やしていない、手や指にケガをしていない、下痢などの体調が悪い人が出勤していない
□あいさつ	お客様と目を合わせてあいさつをしている
□対応状況	お客様に呼ばれる前に、対応を行っている
□片付け	テーブルはすぐに片付けている
□会計	会計時は適切に対応している
客席	
□床面	床面が磨き込まれ、べたつかない
□テーブル	テーブルがきれいに磨き込まれている
□調味料等	調味料などが、清潔な状態で置かれている
トイレ(客用&従業員用)	
□異臭	トイレ付近から異臭がしない
□手洗い	手洗いは温水が出る
□洗剤	手洗い洗剤がある
□便器の状態	便器は清潔な状態に磨き込まれている
□ペーパー	手ふきは清潔なペーパーなどが置かれている

【著者紹介】

河岸宏和（かわぎし　ひろかず）

食のプロや業界関係者のあいだで「食品業界を知り尽くした」と言われる男。大手ハムメーカー、大手卵メーカー、大手スーパー・コンビニ、数々の食品工場での勤務経験から「肉のプロ」「卵のプロ」「スーパー・コンビニのプロ」とも呼ばれる。

1958年、北海道生まれ。帯広畜産大学を卒業後、「農場から食卓まで」の品質管理を実践中。「食品安全教育研究所」代表。

これまでに経験した品質管理業務は、養鶏場、食肉処理場、ハム・ソーセージ工場、餃子・シュウマイ工場、コンビニエンスストア向け惣菜工場、卵加工品工場、配送流通センター、スーパーマーケット厨房衛生管理など多数。

著書に『スーパーの裏側』（東洋経済新報社）、『ビジュアル図解 食品工場のしくみ』（同文舘出版）などがある。

ホームページ「食品工場の工場長の仕事とは」を主宰。

http://homepage3.nifty.com/ja8mrx/koujyou1.htm
毎週発行している無料メルマガは、食品問題や事件が起こったときにすぐに解説するなど好評を得ている。


本書の内容に関するお問い合わせ、および講演のご依頼は、上記のホームページよりお願いします

「外食の裏側」を見抜くプロの全スキル、教えます。

2014年5月22日　第1刷発行
2014年6月25日　第4刷発行

著　者――河岸宏和
発行者――山縣裕一郎
発行所――東洋経済新報社
〒103-8345　東京都中央区日本橋本石町 1-2-1
電話＝東洋経済コールセンター　03(5605)7021
http://toyokeizai.net/

ブックデザイン……上田宏志［ゼブラ］
D T P…………クールインク+ゼブラ
カバー&本文イラスト…matsu（マツモト ナオコ）
編集協力………高橋扶美
校正……………上岡康子／鈴木充
印刷・製本……ベクトル印刷
編集担当………中里有吾

　ISBN 978-4-492-22339-0